Okusi Azije

Kulinarska Čarolija iz Dalekog Istoka

Luka Tan

Sažetak

Jednostavna pileća tava 10
Piletina u umaku od rajčice 12
Piletina sa cherry rajčicama 13
Poširana piletina sa cherry rajčicama 14
Piletina i rajčica s umakom od crnog graha 15
Brzo kuhana piletina sa povrćem 16
Piletina sa orasima 17
Piletina sa orasima 18
Piletina s vodenim kestenima 19
Izdašna piletina s vodenim kestenima 20
Pileći wontons 22
Hrskava pileća krilca 23
Pet začinjenih pilećih krilaca 24
Marinirana pileća krilca 25
Prava pileća krilca 27
Začinjena pileća krilca 29
Pileći bataci na žaru 30
Hoisin pileća zabatka 31
Pirjana piletina 32
Hrskavo pržena piletina 33
Cijelo pečeno pile 35
Piletina s pet začina 36
Pileći mladi luk s đumbirom 38
poširana piletina 39
Crvena kuhana piletina 40
Crveno kuhana začinjena piletina 41
Piletina pečena sa sezamom 42
Piletina u soja umaku 43
Piletina kuhana na pari 45
Piletina kuhana na pari s anisom 46
Piletina čudnog okusa 47
Hrskavi komadići piletine 48

Piletina sa zelenim grahom 49
Kuhana piletina sa ananasom 50
Piletina s paprikom i rajčicama 51
Piletina sa sezamom 52
Pečeno pile 53
Türkiye sa snježnim graškom 54
Puretina s paprikom 56
Kineska pečena purica 58
Puretina s orasima i gljivama 59
Patka s mladicama bambusa 61
Patka s klicama graha 62
Pirjana patka 63
Dinstana patka sa celerom 64
Patka s đumbirom 65
Patka sa zelenim grahom 67
Pečena patka na pari 69
Patka s egzotičnim voćem 70
Dinstana patka s kineskim lišćem 72
pijana patka 74
Patka s pet začina 75
Pečena patka s đumbirom 76
Patka sa šunkom i porilukom 77
Patka pečena na medu 78
Dinstana pečena patka 78
Pečena patka s gljivama 79
Patka s dvije gljive 82
Pirjana patka s lukom 83
Patka u umaku od naranče 85
Pečena patka s narančom 86
Patka s kruškama i kestenima 87
Pekinška patka 88
Pečena patka s ananasom 91
Pečena patka s ananasom 92
Ananas od đumbira 94
Patka s ananasom i ličijem 95
Patka sa svinjetinom i kestenima 96

Patka s krumpirom *97*
Kuhana crvena patka *99*
Pečena patka u rižinom vinu *100*
Patka kuhana na pari s rižinim vinom *101*
Obilna patka *102*
Zasitna patka sa zelenim grahom *103*
Sporo kuhana patka *105*
Pečena patka *107*
Patka sa slatkim krumpirom *108*
Slatko-kisela patka *110*
patka mandarina *112*
Patka s povrćem *113*
Kozice s umakom od ličija *115*
Pržene kozice s mandarinom *117*
Škampi sa snježnim graškom *118*
Škampi s kineskim gljivama *120*
Tava od kozica i graška *121*
Kozice s mango chutneyjem *122*
Pržene okruglice od kozica s umakom od luka *124*
Mandarinske kozice s graškom *125*
Pekinške kozice *126*
Škampi s paprikom *127*
Prženi škampi sa svinjetinom *128*
Pržene kozice sa sherry umakom *130*
Pržene kozice sa sezamom *132*
Kozice pržene u ljusci *133*
Mekane pržene kozice *134*
tempura od kozica *135*
donja guma *136*
Škampi s tofuom *138*
Škampi s cherry rajčicama *139*
Škampi s umakom od rajčice *140*
Kozice s rajčicom i chilli umakom *141*
Pržene kozice s umakom od rajčice *142*
Škampi s povrćem *144*
Kozice s vodenim kestenima *145*

Wontons od kozica 146
Abalone s piletinom 147
Abalone sa šparogama 148
Abalone s gljivama 150
Abalone s umakom od kamenica 150
Dagnje kuhane na pari 152
Dagnje s klicama graha 153
Dagnje s đumbirom i češnjakom 154
Pržene dagnje 155
kolači od rakova 156
puding od rakova 157
Meso rakova s kineskim lišćem 158
Crab Foo Yung s klicama graha 159
Rakovi s đumbirom 160
Rak Lo Mein 161
Prženi rakovi sa svinjetinom 162
Pohano meso rakova 162
Pržene okruglice od lignji 163
kantonski jastog 164
Prženi jastog 165
Jastog kuhan na pari sa šunkom 166
Jastog s gljivama 167
Repovi jastoga sa svinjetinom 168
Prženi jastog 171
gnijezda jastoga 173
Dagnje u umaku od crnog graha 174
Dagnje s đumbirom 175
Dagnje kuhane na pari 176
Pržene kamenice 177
Kamenice sa slaninom 178
Pržene kamenice s đumbirom 179
Kamenice s umakom od crnog graha 180
Jakobove kapice s mladicama bambusa 181
Jakobove kapice s jajetom 182
Jakobove kapice s brokulom 183
Jakobove kapice s đumbirom 185

Jakobove kapice sa šunkom	186
Kajgana od jakobovih kapica i začinskog bilja	187
Jakobove kapice i luk pirjajte na tavi	188
Jakobove kapice s povrćem	189
Jakobove kapice s paprikom	191
Lignje s klicama graha	192
Pržene lignje	193
Paketići lignji	194
Pržene rolice od lignji	196
Pan za lignje	198
Lignje sa suhim gljivama	199
Lignje s povrćem	200
Dinstana govedina s anisom	201
Govedina sa šparogama	202
Govedina s mladicama bambusa	203
Govedina s mladicama bambusa i gljivama	204
Kineski goveđi gulaš	206
Govedina s klicama graha	207
Govedina s brokulom	209
Govedina sa sezamom i brokulom	210
Govedina na žaru	212
Kantonska govedina	213
Govedina s mrkvom	215
Govedina s indijskim oraščićima	216
Slaga juneća tepsija	217

Jednostavna pileća tava

za 4

1 pileća prsa, tanko narezana
2 kriške nasjeckanog korijena đumbira
2 mlada luka (mladi luk), nasjeckana
15 ml/1 žlica kukuruznog škroba (kukuruzni škrob)
15 ml/1 žlica rižinog vina ili suhog šerija
30 ml/2 žlice vode
2,5 ml/½ žličice soli
45 ml/3 žlice ulja od kikirikija (ulje od kikirikija)
100 g izdanaka bambusa, narezanih na kriške
100 g šampinjona, narezanih na ploške
100 grama sojinih klica
15 ml/1 žlica soja umaka
5 ml/1 žličica šećera
120 ml / 4 fl oz / ½ šalice pileće juhe

Stavite piletinu u zdjelu. Pomiješajte đumbir, mladi luk, kukuruzni škrob, vino ili šeri, vodu i sol, dodajte piletinu i ostavite da odstoji 1 sat. Zagrijte pola ulja i ispecite piletinu dok lagano ne porumeni pa je izvadite iz tave. Zagrijte preostalo ulje i pirjajte mladice bambusa, gljive i klice graha 4 minute. Dodajte sojin umak, šećer i temeljac, zakuhajte, poklopite i kuhajte 5 minuta dok povrće ne omekša. Vratite piletinu u tavu, dobro promiješajte i malo zagrijte prije posluživanja.

Piletina u umaku od rajčice

za 4

30 ml/2 žlice ulja od kikirikija (ulje od kikirikija)
5 ml/1 žličica soli
2 češnja češnjaka, zgnječena
450 g piletine, narezane na kockice
300 ml/½ pt/1¼ šalice pileće juhe
120 ml / 4 fl oz / ½ šalice kečapa od rajčice (katsup)
15 ml/1 žlica kukuruznog škroba (kukuruzni škrob)
4 mlada luka (mladi luk), narezana na ploške

Zagrijte ulje sa soli i češnjakom dok češnjak lagano ne porumeni. Dodajte piletinu i lagano pržite dok lagano ne porumeni. Dodajte veći dio juhe, zakuhajte, poklopite i pustite da lagano kuha dok piletina ne omekša, oko 15 minuta. Pomiješajte preostalu juhu s kečapom i kukuruznim škrobom i umiješajte u tavu. Kuhajte uz miješanje dok se umak ne zgusne i postane bistar. Ako je umak prerijedak, pustite da se lagano kuha dok se ne reducira. Dodajte mladi luk i pirjajte 2 minute prije posluživanja.

Piletina sa cherry rajčicama

za 4

225 g piletine, narezane na kockice
15 ml/1 žlica kukuruznog škroba (kukuruzni škrob)
15 ml/1 žlica soja umaka
15 ml/1 žlica rižinog vina ili suhog šerija
45 ml/3 žlice ulja od kikirikija (ulje od kikirikija)
1 luk, narezan na kockice
60 ml/4 žlice pilećeg temeljca
5 ml/1 žličica soli
5 ml/1 žličica šećera
2 rajčice oguljene i narezane na kockice

Pomiješajte piletinu s kukuruznim škrobom, soja umakom i vinom ili šerijem i ostavite da odstoji 30 minuta. Zagrijte ulje i pržite piletinu dok ne dobije svijetlu boju. Dodajte luk i pržite dok ne omekša. Dodajte temeljac, sol i šećer, zakuhajte i lagano miješajte na laganoj vatri dok se piletina ne skuha. Dodajte rajčice i miješajte dok se ne zagriju.

Poširana piletina sa cherry rajčicama

za 4

4 porcije piletine
4 rajčice, oguljene i narezane na četvrtine
15 ml/1 žlica rižinog vina ili suhog šerija
15 ml/1 žlica ulja od kikirikija (kikiriki ulje)
Sol-

Stavite piletinu u tepsiju i jedva prelijte hladnom vodom. Pustite da zavrije, poklopite i kuhajte 20 minuta. Dodajte rajčice, vino ili sherry, ulje i sol, poklopite i pirjajte još 10 minuta dok piletina ne omekša. Piletinu stavite na zagrijani pladanj za posluživanje i narežite na komade. Zagrijte umak i njime prelijte piletinu za posluživanje.

Piletina i rajčica s umakom od crnog graha

za 4

45 ml/3 žlice ulja od kikirikija (ulje od kikirikija)
1 češanj češnjaka, zgnječen
45 ml/3 žlice umaka od crnog graha
225 g piletine, narezane na kockice
15 ml/1 žlica rižinog vina ili suhog šerija
5 ml/1 žličica šećera
15 ml/1 žlica soja umaka
90 ml/6 žlica pilećeg temeljca
3 rajčice, oguljene i narezane na četvrtine
10 ml/2 žličice kukuruznog škroba (kukuruzni škrob)
45 ml/3 žlice vode

Zagrijte ulje i pržite češnjak 30 sekundi. Dodajte umak od crnog graha i pirjajte 30 sekundi, zatim dodajte piletinu i miješajte dok se dobro ne prekrije uljem. Dodajte vino ili šeri, šećer, sojin umak i temeljac, zakuhajte, poklopite i kuhajte oko 5 minuta dok piletina ne bude kuhana. Pomiješajte kukuruzni škrob i vodu u pastu, umiješajte u tavu i kuhajte uz miješanje dok umak ne postane svijetli i gust.

Brzo kuhana piletina sa povrćem

za 4

1 bjelanjak
50 g kukuruznog škroba (kukuruzni škrob)
225 g pilećih prsa, narezanih na trakice
75 ml/5 žlica ulja od kikirikija (ulje od kikirikija)
200 g mladica bambusa, narezanih na trakice
50 g klica soje
1 zelena paprika, narezana na trakice
3 mlada luka, narezana na ploške
1 kriška korijena đumbira, nasjeckana
1 režanj češnjaka, samljeven
15 ml/1 žlica rižinog vina ili suhog šerija

Istucite bjelanjke i kukuruzni škrob pa u smjesu umočite pileće trakice. Zagrijte ulje na srednje jakoj vatri i pržite piletinu nekoliko minuta dok ne bude pečena. Izvadite iz posude i dobro ocijedite. U tavu dodajte mladice bambusa, klice graha, paprike, luk, đumbir i češnjak i pržite 3 minute. Dodajte vino ili šeri i vratite piletinu u tavu. Dobro izmiješajte i zagrijte prije posluživanja.

Piletina sa orasima

za 4

45 ml/3 žlice ulja od kikirikija (ulje od kikirikija)
2 mlada luka (mladi luk), nasjeckana
1 kriška korijena đumbira, nasjeckana
450 g pilećih prsa, tanko narezanih
50 g šunke narezane na komade
30 ml/2 žlice soja umaka
30 ml/2 žlice rižinog vina ili suhog šerija
5 ml/1 žličica šećera
5 ml/1 žličica soli
100 g nasjeckanih oraha

Zagrijte ulje i pržite luk i đumbir 1 minutu. Dodajte piletinu i šunku i pržite 5 minuta dok gotovo ne budu kuhani. Dodajte sojin umak, vino ili šeri, šećer i sol i miješajući pržite 3 minute. Dodati orahe i miješajući pržiti 1 minutu, dok se sastojci dobro ne sjedine.

Piletina sa orasima

za 4

100 g oljuštenih oraha, prepolovljenih
Pržiti ulje
45 ml/3 žlice ulja od kikirikija (ulje od kikirikija)
2 kriške nasjeckanog korijena đumbira
225 g piletine, narezane na kockice
100 g izdanaka bambusa, narezanih na kriške
75 ml/5 žlica pileće juhe

Pripremite orahe, zagrijte ulje i pržite orahe dok ne porumene pa ih dobro ocijedite. Zagrijte kikiriki ulje i pirjajte đumbir 30 sekundi. Dodajte piletinu i lagano pržite dok lagano ne porumeni. Dodajte preostale sastojke, zakuhajte i kuhajte uz miješanje dok piletina ne omekša.

Piletina s vodenim kestenima

za 4

45 ml/3 žlice ulja od kikirikija (ulje od kikirikija)
2 češnja češnjaka, zgnječena
2 mlada luka (mladi luk), nasjeckana
1 kriška korijena đumbira, nasjeckana
225 g pilećih prsa, narezanih na trakice
100 g vodenog kestena narezanog na trakice
45 ml/3 žlice soja umaka
15 ml/1 žlica rižinog vina ili suhog šerija
5 ml/1 žličica kukuruznog škroba (kukuruzni škrob)

Zagrijte ulje i popržite češnjak, ljutiku i đumbir dok lagano ne porumene. Dodajte piletinu i pirjajte 5 minuta. Dodajte vodene kestene i pržite 3 minute. Dodajte sojin umak, vino ili šeri i kukuruzni škrob i pržite dok piletina ne omekša, oko 5 minuta.

Izdašna piletina s vodenim kestenima

za 4

30 ml/2 žlice ulja od kikirikija (ulje od kikirikija)
4 komada piletine
3 mlada luka, nasjeckana
2 češnja češnjaka, zgnječena
1 kriška korijena đumbira, nasjeckana
250 ml / 8 tečnih oz / 1 šalica soja umaka
30 ml/2 žlice rižinog vina ili suhog šerija
30 ml/2 žlice smeđeg šećera
5 ml/1 žličica soli
375 ml / 13 fl oz / 1 ¼ šalice vode
225 g vodenog kestena, narezanog na ploške
15 ml/1 žlica kukuruznog škroba (kukuruzni škrob)

Zagrijte ulje i pržite komade piletine dok ne porumene. Dodajte mladi luk, češnjak i đumbir te pirjajte 2 minute. Dodajte sojin umak, vino ili šeri, šećer i sol i dobro promiješajte. Dodajte vodu i zakuhajte, poklopite i kuhajte 20 minuta. Dodajte vodene kestene, poklopite i kuhajte još 20 minuta. Kukuruzni škrob pomiješajte s malo vode, dodajte u umak i pirjajte uz miješanje dok umak ne posvijetli i ne zgusne se.

Pileći wontons

za 4

4 sušene kineske gljive
450 g pilećih prsa, narezanih na komade
225 g miješanog povrća, nasjeckanog
1 mladi luk (kapula), nasjeckan
15 ml/1 žlica soja umaka
2,5 ml/½ žličice soli
40 skinova wontona
1 razmućeno jaje

Gljive namočite u toploj vodi 30 minuta, a zatim ih ocijedite. Peteljke bacite, a klobuke nasjeckajte. Pomiješajte piletinu, povrće, soja umak i sol.

Za presavijanje wontona, držite kožu dlanom lijeve ruke i žlicom unesite malo nadjeva u sredinu. Navlažite rubove jajetom i presavijte kožu u trokut, zalijepite rubove. Navlažite kutove jajetom i uvijte ih zajedno.

Zakuhajte lonac vode. Dodajte wontons i pirjajte dok ne isplivaju na vrh, oko 10 minuta.

Hrskava pileća krilca

za 4

900 g pilećih krilaca
60 ml/4 žlice rižinog vina ili suhog šerija
60 ml/4 žlice soja umaka
50 g kukuruznog škroba (kukuruzni škrob)
Kikiriki (kikiriki) ulje za prženje

Stavite pileća krilca u zdjelu. Pomiješajte preostale sastojke i prelijte preko pilećih krilaca, dobro promiješajte da se preliju umakom. Pokrijte i ostavite da odstoji 30 minuta. Zagrijte ulje i pržite piletinu u serijama dok ne bude pečena i postane tamno smeđa. Dobro ocijedite na kuhinjskom papiru i držite na toplom dok pečete preostalu piletinu.

Pet začinjenih pilećih krilaca

za 4

30 ml/2 žlice ulja od kikirikija (ulje od kikirikija)
2 češnja češnjaka, zgnječena
450 g pilećih krilaca
250 ml / 1 šalica pileće juhe
30 ml/2 žlice soja umaka
5 ml/1 žličica šećera
5 ml/1 žličica pet začina u prahu

Zagrijte ulje i češnjak dok se češnjak lagano ne zapeče. Dodajte piletinu i lagano pržite dok lagano ne porumeni. Dodajte ostale sastojke, dobro promiješajte i prokuhajte. Poklopite i pirjajte oko 15 minuta dok piletina ne omekša. Maknite poklopac i nastavite pirjati uz povremeno miješanje dok većina tekućine ne ispari. Poslužite toplo ili hladno.

Marinirana pileća krilca

za 4

45 ml/3 žlice soja umaka
45 ml/3 žlice rižinog vina ili suhog šerija
30 ml/2 žlice smeđeg šećera
5 ml/1 žličica naribanog korijena đumbira
2 češnja češnjaka, zgnječena
6 glavica mladog luka (mladi luk), narezanih na ploške
450 g pilećih krilaca
30 ml/2 žlice ulja od kikirikija (ulje od kikirikija)
225 g mladica bambusa, narezanih na ploške
20 ml/4 žličice kukuruznog škroba (kukuruzni škrob)
175 ml pileće juhe

Umiješajte soja umak, vino ili šeri, šećer, đumbir, češnjak i mladi luk. Dodajte pileća krilca i promiješajte da se potpuno prekriju. Pokrijte i ostavite 1 sat uz povremeno miješanje. Zagrijte ulje i pržite mladice bambusa 2 minute. Izvadite ih iz tepsije. Ocijedite piletinu i luk, a marinadu ostavite. Zagrijte ulje i pržite piletinu sa svih strana dok ne porumeni. Poklopite i kuhajte još 20 minuta dok piletina ne omekša. Pomiješajte kukuruzni škrob s juhom i sačuvanom marinadom. Prelijte preko piletine i kuhajte uz miješanje dok se umak ne zgusne. Umiješajte mladice bambusa i kuhajte uz miješanje još 2 minute.

Prava pileća krilca

za 4

12 pilećih krilaca

250 ml / 8 fl oz / 1 šalica ulja od kikirikija (kikiriki ulje)

15 ml/1 žlica šećera u prahu

2 mlada luka (mladi luk), nasjeckana

5 kriški korijena đumbira

5 ml/1 žličica soli

45 ml/3 žlice soja umaka

250 ml/8 tečnih oz/1 šalica rižinog vina ili suhog šerija

250 ml / 1 šalica pileće juhe

10 kriški izdanaka bambusa

15 ml/1 žlica kukuruznog škroba (kukuruzni škrob)

15 ml/1 žlica vode

2,5 ml/½ žličice sezamovog ulja

Pileća krilca blanširajte u kipućoj vodi 5 minuta, zatim ih dobro ocijedite. Zagrijte ulje, dodajte šećer i miješajte dok se ne rastopi i porumeni. Dodajte piletinu, ljutiku, đumbir, sol, sojin umak, vino i temeljac, zakuhajte i kuhajte 20 minuta. Dodajte mladice bambusa i kuhajte 2 minute ili dok tekućina gotovo potpuno ne ispari. Pomiješajte kukuruzni škrob s vodom, umiješajte u tavu i miješajte dok se ne zgusne. Pileća krilca posložite na zagrijani pladanj za posluživanje i poslužite poškropljena sezamovim uljem.

Začinjena pileća krilca

za 4

30 ml/2 žlice ulja od kikirikija (ulje od kikirikija)
5 ml/1 žličica soli
2 češnja češnjaka, zgnječena
900 g pilećih krilaca
30 ml/2 žlice rižinog vina ili suhog šerija
30 ml/2 žlice soja umaka
30 ml/2 žlice pirea od rajčice (pasta)
15 ml/1 žlica Worcestershire umaka

Zagrijte ulje, sol i češnjak te pržite dok češnjak ne porumeni. Dodajte pileća krilca i pirjajte, često miješajući, dok ne porumene i budu gotovo kuhana, oko 10 minuta. Dodajte preostale sastojke i miješajući pržite dok piletina ne postane hrskava i kuhana, oko 5 minuta.

Pileći bataci na žaru

za 4

16 pilećih bataka
30 ml/2 žlice rižinog vina ili suhog šerija
30 ml/2 žlice vinskog octa
30 ml/2 žlice maslinovog ulja
Sol i svježe mljeveni papar
120 ml/4 fl oz/½ šalice soka od naranče
30 ml/2 žlice soja umaka
30 ml/2 žlice meda
15 ml/1 žlica soka od limuna
2 kriške nasjeckanog korijena đumbira
120 ml / 4 fl oz / ½ šalice čili umaka

Pomiješajte sve sastojke osim chilli umaka, poklopite i ostavite da se marinira u hladnjaku preko noći. Izvadite piletinu iz marinade i pecite je na roštilju oko 25 minuta, okrećući je i podlijevajući umakom od čilija.

Hoisin pileća zabatka

za 4

8 pilećih bataka
600 ml/1 pt/2½ šalice pileće juhe
Sol i svježe mljeveni papar
250 ml / 8 tečnih oz / 1 šalica hoisin umaka
30 ml/2 žlice čistog brašna (višenamjenskog).
2 razmućena jaja
100 grama krušnih mrvica
Pržiti ulje

Stavite batake i juhu u tavu, zakuhajte, poklopite i kuhajte dok ne omekšaju, 20 minuta. Izvadite piletinu iz posude i osušite je na kuhinjskom papiru. Stavite piletinu u zdjelu i začinite solju i paprom. Prelijte umakom od hoisina i ostavite da se marinira 1 sat. odvoditi. Piletinu umočiti u brašno, zatim u jaja i prezle, pa opet u jaje i prezle. Zagrijte ulje i pržite piletinu dok ne porumeni, oko 5 minuta. Ocijedite na kuhinjskom papiru i poslužite toplo ili hladno.

Pirjana piletina

Za 4-6

75 ml/5 žlica ulja od kikirikija (ulje od kikirikija)
1 piletina
3 mlada luka, narezana na ploške
3 kriške korijena đumbira
120 ml/4 fl oz/½ šalice soja umaka
30 ml/2 žlice rižinog vina ili suhog šerija
5 ml/1 žličica šećera

Zagrijte ulje i pržite piletinu dok ne porumeni. Dodajte mladi luk, đumbir, sojin umak i vino ili sherry i pustite da zavrije. Poklopite i pirjajte 30 minuta uz povremeno miješanje. Dodajte šećer, poklopite i pirjajte još 30 minuta dok piletina ne omekša.

Hrskavo pržena piletina

za 4

1 piletina

Sol-

30 ml/2 žlice rižinog vina ili suhog šerija

3 mlada luka, narezana na kockice

1 kriška korijena đumbira

30 ml/2 žlice soja umaka

30ml/2 žlice šećera

5 ml/1 žličica cijelih klinčića

5 ml/1 žličica soli

5 ml/1 žličica papra u zrnu

150 ml / ¼ pt / izdašne ½ šalice pilećeg temeljca

Pržiti ulje

1 zelena salata, nasjeckana

4 rajčice, narezane na ploške

½ krastavca, narezanog na ploške

Natrljajte piletinu solju i ostavite da odstoji 3 sata. Isperite i stavite u zdjelu. Dodajte vino ili sherry, đumbir, sojin umak, šećer, klinčiće, sol, papar u zrnu i temeljac te dobro promiješajte. Stavite zdjelu u kuhalo za paru, poklopite i kuhajte na pari dok se piletina ne skuha, oko 2 ¼ sata. odvoditi. Zagrijte ulje dok se ne zadimi pa dodajte piletinu i pržite dok ne porumeni. Pržite još 5 minuta, zatim izvadite iz ulja i ocijedite. Narežite na komade i složite na zagrijani tanjur za posluživanje. Ukrasite zelenom salatom, rajčicama i krastavcima te poslužite s umakom od papra i soli.

Cijelo pečeno pile

za 5

1 piletina
10 ml/2 žličice soli
15 ml/1 žlica rižinog vina ili suhog šerija
2 mlada luka, prepolovljena
3 kriške korijena đumbira, narezane na trakice
Pržiti ulje

Osušite piletinu i istrljajte kožu solju i vinom ili šerijem. U jamicu stavite mladi luk i đumbir. Objesite piletinu na hladno mjesto da se suši oko 3 sata. Zagrijte ulje i stavite piletinu u košaru za prženje. Lagano spustite u ulje, neprestano ulijevajući i van, dok piletina ne dobije laganu boju. Izvadite iz ulja i pustite da se malo ohladi dok zagrijavate ulje. Ponovno pržite dok ne porumene. Dobro ocijedite i zatim narežite na male komadiće.

Piletina s pet začina

Za 4-6

1 piletina

120 ml/4 fl oz/½ šalice soja umaka

2,5 cm / 1 komad nasjeckanog korijena đumbira

1 češanj češnjaka, zgnječen

15 ml/1 žlica pet začina u prahu

30 ml/2 žlice rižinog vina ili suhog šerija

30 ml/2 žlice meda

2,5 ml/½ žličice sezamovog ulja

Pržiti ulje

30 ml/2 žlice soli

5 ml/1 žličica svježe mljevenog papra

Stavite piletinu u veliki lonac i napunite je vodom do pola buta. Odvojite 15 ml/1 žličicu soja umaka, a ostatak dodajte u tavu s đumbirom, češnjakom i polovicom pet začina u prahu. Pustite da zavrije, poklopite i kuhajte 5 minuta. Ugasite vatru i ostavite piletinu u vodi dok voda ne postane mlaka. odvoditi.

Piletinu prepolovite po dužini i stavite je prerezanom stranom prema dolje na lim za pečenje. Pomiješajte preostali sojin umak i pet začina u prahu s vinom ili šerijem, medom i sezamovim uljem. Utrljajte smjesu u piletinu i ostavite 2 sata, povremeno četkajući. Zagrijte ulje i pržite pileće polovice dok ne porumene i zapeku oko 15 minuta. Ocijedite ih na kuhinjskom papiru i narežite na sitne komadiće.

U međuvremenu pomiješajte sol i papar te zagrijte na suhoj tavi oko 2 minute. Poslužite kao umak za piletinu.

Pileći mladi luk s đumbirom

za 4

1 piletina
2 kriške korijena đumbira, narezane na trakice
Sol i svježe mljeveni papar
90 ml/4 žlice ulja od kikirikija (ulje od kikirikija)
8 mladog luka, sitno nasjeckanog
10 ml/2 žličice bijelog vinskog octa
5 ml/1 žličica soja umaka

Stavite piletinu u veliki lonac, dodajte pola đumbira i ulijte toliko vode da skoro prekrije piletinu. Posolite i popaprite. Zakuhajte, poklopite i kuhajte dok ne omekša, oko 1 ¼ sata. Ostavite piletinu u juhi dok se ne ohladi. Piletinu ocijedite i spremite u hladnjak. Narežite na porcije.

Preostali đumbir naribajte i pomiješajte s uljem, mladim lukom, vinskim octom i sojinim umakom, soli i paprom. Ohladite 1 sat. Stavite komade piletine u zdjelu za posluživanje i prelijte ih umakom od đumbira. Poslužite uz kuhanu rižu.

poširana piletina

za 4

1 piletina
1,2 L / 2 boda / 5 šalica pileće juhe ili vode
30 ml/2 žlice rižinog vina ili suhog šerija
4 mlada luka, nasjeckana
1 kriška korijena đumbira
5 ml/1 žličica soli

Stavite piletinu u veliki lonac sa svim ostalim sastojcima. Juha ili voda trebaju doći do sredine buta. Zakuhajte, poklopite i pustite da lagano kuha dok se piletina ne skuha, oko 1 sat. Ocijedite, a juhu ostavite za juhe.

Crvena kuhana piletina

za 4

1 piletina

250 ml / 8 tečnih oz / 1 šalica soja umaka

Stavite piletinu u tavu, prelijte je soja umakom i dodajte vodu dok skoro potpuno ne prekrije piletinu. Zakuhajte, poklopite i kuhajte dok piletina ne omekša, oko 1 sat, povremeno miješajući.

Crveno kuhana začinjena piletina

za 4

2 kriške korijena đumbira
2 mlada luka (ljutka)
1 piletina
3 režnja zvjezdastog anisa
½ štapića cimeta
15 ml/1 žlica sečuanskog papra u zrnu
75 ml/5 žlica soja umaka
75 ml/5 žlica rižinog vina ili suhog šerija
75 ml/5 žlica sezamovog ulja
15 ml/1 žlica šećera

Stavite đumbir i mladi luk u šupljinu piletine i stavite piletinu u tavu. Zavežite zvjezdasti anis, cimet i papar u zrnu u komad muslina i dodajte u tavu. Prelijte soja umakom, vinom ili šerijem i sezamovim uljem. Pustite da zavrije, poklopite i kuhajte oko 45 minuta. Dodajte šećer, poklopite i pirjajte još 10 minuta dok piletina ne omekša.

Piletina pečena sa sezamom

za 4

50 grama sezamovih sjemenki
1 glavica luka sitno nasjeckana
2 češnja češnjaka, mljevena
10 ml/2 žličice soli
1 sušeni crveni čili, nasjeckan
Prstohvat mljevenog klinčića
2,5 ml/½ žličice mljevenog kardamoma
2,5 ml/½ žličice mljevenog đumbira
75 ml/5 žlica ulja od kikirikija (ulje od kikirikija)
1 piletina

Pomiješajte sve začine i ulje i premažite piletinu. Stavite na lim za pečenje i dodajte 30 ml/2 žlice vode u posudu. Pecite u prethodno zagrijanoj pećnici na 180°C/350°F/plinska oznaka 4 oko 2 sata, podlijevajući i povremeno okrećući piletinu, dok piletina ne porumeni i bude pečena. Po potrebi dodati još malo vode da ne zagori.

Piletina u soja umaku

Za 4-6

300 ml/½ pt/1¼ šalice soja umaka

300 ml/½ pt/1¼ šalice rižinog vina ili suhog šerija

1 glavica luka nasjeckana

3 kriške nasjeckanog korijena đumbira

50 grama šećera

1 piletina

15 ml/1 žlica kukuruznog škroba (kukuruzni škrob)

60 ml/4 žlice vode

1 krastavac, oguljen i narezan na ploške

30 ml/2 žlice nasjeckanog svježeg peršina

Pomiješajte sojin umak, vino ili šeri, luk, đumbir i šećer u tavi i pustite da zavrije. Dodajte piletinu, prokuhajte, poklopite i kuhajte 1 sat, povremeno okrećući piletinu, dok piletina ne omekša. Stavite piletinu na zagrijani tanjur za posluživanje i narežite je. Ulijte sve osim 250 ml tekućine od kuhanja i ponovno zakuhajte. Pomiješajte kukuruznu krupicu i vodu u pastu, umiješajte u tavu i pirjajte uz miješanje dok umak ne postane svijetli i gust. Premažite piletinu s malo umaka i ukrasite piletinu krastavcem i peršinom. Ostatak umaka poslužite sa strane.

Piletina kuhana na pari

za 4

1 piletina
45 ml/3 žlice rižinog vina ili suhog šerija
Sol-
2 kriške korijena đumbira
2 mlada luka (ljutka)
250 ml / 1 šalica pileće juhe

Stavite piletinu u zdjelu otpornu na pećnicu i natrljajte je vinom ili šerijem i posolite te u udubinu stavite đumbir i mladi luk. Zdjelu stavite na rešetku u loncu za kuhanje na pari, poklopite i kuhajte na pari iznad kipuće vode dok se ne skuha, oko 1 sat. Poslužite toplo ili hladno.

Piletina kuhana na pari s anisom

za 4

250 ml / 8 tečnih oz / 1 šalica soja umaka
250 ml / 8 tečnih oz / 1 šalica vode
15 ml/1 žlica smeđeg šećera
4 režnja zvjezdastog anisa
1 piletina

Pomiješajte sojin umak, vodu, šećer i anis u loncu i pustite da zavrije na laganoj vatri. Stavite piletinu u zdjelu i pažljivo premažite smjesu izvana i iznutra. Ponovno zagrijte smjesu i ponovite postupak. Stavite piletinu u zdjelu otpornu na pećnicu. Zdjelu stavite na rešetku u loncu za kuhanje na pari, poklopite i kuhajte na pari iznad kipuće vode dok se ne skuha, oko 1 sat.

Piletina čudnog okusa

za 4

1 piletina
5 ml/1 žličica nasjeckanog korijena đumbira
5 ml/1 žličica mljevenog češnjaka
45 ml/3 žlice gustog soja umaka
5 ml/1 žličica šećera
2,5 ml/½ žličice vinskog octa
10 ml/2 žličice umaka od sezama
5 ml/1 žličica svježe mljevenog papra
10 ml/2 žličice čili ulja
½ zelene salate, nasjeckane
15 ml/1 žlica nasjeckanog svježeg korijandera

Stavite piletinu u tepsiju i napunite vodom dok bataci ne budu do pola. Pustite da prokuha, poklopite i pirjajte dok piletina ne omekša, oko 1 sat. Izvadite iz posude i dobro ocijedite te uronite u ledenu vodu dok se meso potpuno ne ohladi. Dobro ocijedite i narežite na komade od 5 cm/2. Pomiješajte sve preostale sastojke i prelijte preko piletine. Poslužite ukrašeno zelenom salatom i korijanderom.

Hrskavi komadići piletine

za 4

100 g čistog brašna (sve namjene).
prstohvat soli
15 ml/1 žlica vode
1 jaje
350 g kuhane piletine, narezane na kockice
Pržiti ulje

Brašno, sol, vodu i jaje miješajte dok ne dobijete prilično čvrsto tijesto, po potrebi dodajte malo vode. Umočite komade piletine u tijesto dok se dobro ne prekriju. Jako zagrijte ulje i pržite piletinu nekoliko minuta dok ne postane hrskava i zlatna.

Piletina sa zelenim grahom

za 4

45 ml/3 žlice ulja od kikirikija (ulje od kikirikija)
450 g kuhane piletine, nasjeckane
5 ml/1 žličica soli
2,5 ml/½ žličice svježe mljevenog papra
225 g zelenih mahuna narezanih na komadiće
1 štapić celera, dijagonalno narezan
225 g gljiva, narezanih na ploške
250 ml / 1 šalica pileće juhe
30 ml/2 žlice kukuruznog škroba (kukuruzni škrob)
60 ml/4 žlice vode
10 ml/2 žličice soja umaka

Zagrijte ulje i pirjajte piletinu sa soli i paprom dok lagano ne porumeni. Dodajte grah, celer i gljive i dobro promiješajte. Dodajte juhu, zakuhajte, poklopite i kuhajte 15 minuta. Pomiješajte kukuruzno brašno, vodu i sojin umak u pastu, umiješajte u tavu i kuhajte uz miješanje dok umak ne posvijetli i ne zgusne se.

Kuhana piletina sa ananasom

za 4

45 ml/3 žlice ulja od kikirikija (ulje od kikirikija)
225 g kuhane piletine, narezane na kockice
Sol i svježe mljeveni papar
2 stabljike celera, dijagonalno izrezane
3 kriške ananasa, izrezati na komade
120 ml / 4 fl oz / ½ šalice pileće juhe
15 ml/1 žlica soja umaka
10 ml/2 žlice kukuruznog škroba (kukuruzni škrob)
30 ml/2 žlice vode

Zagrijte ulje i pržite piletinu dok lagano ne porumeni. Posolite, popaprite, dodajte celer i pržite 2 minute. Dodajte ananas, juhu i sojin umak i miješajte nekoliko minuta dok se ne zagrije. Pomiješajte kukuruzni škrob i vodu u pastu, umiješajte u tavu i kuhajte uz miješanje dok umak ne posvijetli i ne zgusne se.

Piletina s paprikom i rajčicama

za 4

45 ml/3 žlice ulja od kikirikija (ulje od kikirikija)
450 g kuhane piletine, narezane na ploške
10 ml/2 žličice soli
5 ml/1 žličica svježe mljevenog papra
1 zelena paprika, izrezana na komade
4 velike rajčice, oguljene i narezane na kriške
250 ml / 1 šalica pileće juhe
30 ml/2 žlice kukuruznog škroba (kukuruzni škrob)
15 ml/1 žlica soja umaka
120 ml/4 fl oz/½ šalice vode

Zagrijte ulje i popržite piletinu, posolite i popaprite dok ne porumeni. Dodajte papriku i rajčicu. Ulijte juhu, zakuhajte, poklopite i kuhajte 15 minuta. Pomiješajte kukuruzno brašno, sojin umak i vodu u pastu, umiješajte u tavu i pirjajte uz miješanje dok umak ne postane svijetli i gust.

Piletina sa sezamom

za 4

450 g kuhane piletine narezane na trakice
2 kriške đumbira, sitno nasjeckanog
1 mladi luk (kapula), sitno nasjeckan
Sol i svježe mljeveni papar
60 ml/4 žlice rižinog vina ili suhog šerija
60 ml/4 žlice sezamovog ulja
10 ml/2 žličice šećera
5 ml/1 žličica vinskog octa
150 ml / ¼ pt / izdašne ½ šalice soja umaka

Stavite piletinu na tanjur za posluživanje i pospite đumbirom, mladim lukom, soli i paprom. Pomiješajte vino ili šeri, sezamovo ulje, šećer, vinski ocat i sojin umak. Preliti preko piletine.

Pečeno pile

za 4

2 prepolovljena pijetlića
45 ml/3 žlice soja umaka
45 ml/3 žlice rižinog vina ili suhog šerija
120 ml / 4 fl oz / ½ šalice ulja od kikirikija (kikiriki ulje)
1 mladi luk (kapula), sitno nasjeckan
30 ml/2 žlice pileće juhe
10 ml/2 žličice šećera
5 ml/1 žličica čili ulja
5 ml/1 žličica paste od češnjaka
sol i papar

Stavite piliće u zdjelu. Pomiješajte soja umak i vino ili šeri, prelijte piliće, pokrijte i marinirajte 2 sata, često podlijevajući. Zagrijte ulje i pržite lisičarke dok ne budu kuhane, oko 20 minuta. Izvadite ih iz tave i zagrijte ulje. Vratite u tavu i pržite dok ne porumene. Ocijedite veći dio ulja. Ostale sastojke pomiješajte, dodajte u tavu i brzo zagrijte. Prelijte piletinu prije posluživanja.

Türkiye sa snježnim graškom

za 4

60 ml/4 žlice ulja od kikirikija (ulje od kikirikija)
2 mlada luka (mladi luk), nasjeckana
2 češnja češnjaka, zgnječena
1 kriška korijena đumbira, nasjeckana
225 g purećih prsa, narezanih na trakice
225 g slatkog graška (mangetout)
100 g izdanaka bambusa, narezanih na trakice
50 g vodenog kestena narezanog na trakice
45 ml/3 žlice soja umaka
15 ml/1 žlica rižinog vina ili suhog šerija
5 ml/1 žličica šećera
5 ml/1 žličica soli
15 ml/1 žlica kukuruznog škroba (kukuruzni škrob)

Zagrijte 45 ml/3 žlice ulja i lagano zažutite mladi luk, češnjak i đumbir. Dodajte puretinu i pržite 5 minuta. Izvadite iz posude i ostavite sa strane. Zagrijte preostalo ulje i pirjajte slatki grašak, mladice bambusa i vodene kestene 3 minute. Dodajte soja umak, vino ili šeri, šećer i sol i vratite puretinu u tavu. Pržiti 1 minutu. Kukuruzni škrob pomiješajte s malo vode, dodajte u tavu i pirjajte uz miješanje dok umak ne postane svijetli i gust.

Puretina s paprikom

za 4

4 sušene kineske gljive
30 ml/2 žlice ulja od kikirikija (ulje od kikirikija)
1 bok choy, izrezan na trakice
350 g dimljene puretine narezane na trakice
1 luk, narezan na ploške
1 crvena paprika, narezana na trakice
1 zelena paprika, narezana na trakice
120 ml / 4 fl oz / ½ šalice pileće juhe
30 ml/2 žlice pirea od rajčice (pasta)
45 ml/3 žlice vinskog octa
30 ml/2 žlice soja umaka
15 ml/1 žlica hoisin umaka
10 ml/2 žličice kukuruznog škroba (kukuruzni škrob)
nekoliko kapi čili ulja

Gljive namočite u toploj vodi 30 minuta, a zatim ih ocijedite. Bacite peteljke, a klobuke narežite na trakice. Zagrijte pola ulja i pirjajte kupus dok ne omekša, oko 5 minuta. Izvadite iz posude. Dodajte puretinu i miješajući pržite 1 minutu. Dodajte povrće i pirjajte 3 minute. Pomiješajte juhu s pastom od rajčice, vinskim octom i umacima te dodajte u tavu s kupusom. Kukuruzni škrob pomiješajte s malo vode, dodajte u tavu i pustite da zavrije uz miješanje. Prelijte uljem od čilija i pirjajte 2 minute uz stalno miješanje.

Kineska pečena purica

Poslužuje 8-10

1 mala purica
600 ml/1 pt/2½ šalice vruće vode
10 ml/2 žličice pimenta
500 ml / 16 fl oz / 2 šalice soja umaka
5 ml/1 žličica sezamovog ulja
10 ml/2 žličice soli
45 ml/3 žlice maslaca

Puretinu stavite u tepsiju i prelijte vrućom vodom. Dodajte ostale sastojke osim maslaca i ostavite da odstoji 1 sat uz nekoliko puta miješajući. Izvadite puretinu iz tekućine i premažite maslacem. Stavite na lim za pečenje, lagano prekrijte folijom i pecite u prethodno zagrijanoj pećnici na 160°C/325°F/plinska oznaka 3 oko 4 sata, povremeno začinjavajući tekućinom od sojinog umaka. Maknite foliju i ostavite koru hrskavu zadnjih 30 minuta pečenja.

Puretina s orasima i gljivama

za 4

450 g filea purećih prsa

sol i papar

sok od 1 naranče

15 ml/1 žlica čistog brašna (višenamjenskog).

12 ukiseljenih crnih oraha sa sokom

5 ml/1 žličica kukuruznog škroba (kukuruzni škrob)

15 ml/1 žlica ulja od kikirikija (kikiriki ulje)

2 mlada luka, narezana na kockice

225 grama šampinjona

45 ml/3 žlice rižinog vina ili suhog šerija

10 ml/2 žličice soja umaka

50 grama maslaca

25 g pinjola

Narežite puretinu na ploške debljine 1 cm/½. Začinite solju, paprom i sokom od naranče te pospite brašnom. Ocijedite orahe, prerežite ih na pola, skupite tekućinu i pomiješajte s kukuruznim škrobom. Zagrijte ulje i pržite puretinu dok ne porumeni. Dodajte mladi luk i gljive te pirjajte 2 minute. Umiješajte vino ili šeri i sojin umak i pirjajte 30 sekundi.

Dodajte orahe u smjesu kukuruznog škroba, zatim umiješajte u tavu i pustite da zavrije. Dodajte maslac u listićima, ali ne dopustite da smjesa prokuha. Pinjole tostirajte na suhoj tavi dok ne porumene. Smjesu s puretinom prebacite na zagrijani pladanj za posluživanje i poslužite ukrašeno pinjolima.

Patka s mladicama bambusa

za 4

6 suhih kineskih gljiva
1 patka
50 g pršuta narezanog na trakice
100 g izdanaka bambusa, narezanih na trakice
2 mlada luka (mladi luk), narezana na trakice
2 kriške korijena đumbira, narezane na trakice
5 ml/1 žličica soli

Gljive namočite u toploj vodi 30 minuta, a zatim ih ocijedite. Bacite peteljke, a klobuke narežite na trakice. Pomiješajte sve sastojke u zdjelu otpornu na toplinu i stavite u lonac do dvije trećine napunjen vodom. Zakuhajte, poklopite i kuhajte oko 2 sata dok patka ne bude pečena, po potrebi dolijte kipuće vode.

Patka s klicama graha

za 4

225 g klica graha
45 ml/3 žlice ulja od kikirikija (ulje od kikirikija)
450 g kuhanog pačjeg mesa
15 ml/1 žlica umaka od kamenica
15 ml/1 žlica rižinog vina ili suhog šerija
30 ml/2 žlice vode
2,5 ml/½ žličice soli

Klice graha blanširajte u kipućoj vodi 2 minute i potom ocijedite. Zagrijte ulje, pržite klice graha 30 sekundi. Dodajte patku i miješajući pržite dok se ne zagrije. Dodajte preostale sastojke i pirjajte 2 minute da se okusi prožmu. Poslužite odmah.

Pirjana patka

za 4

4 mlada luka, nasjeckana
1 kriška korijena đumbira, nasjeckana
120 ml/4 fl oz/½ šalice soja umaka
30 ml/2 žlice rižinog vina ili suhog šerija
1 patka
120 ml / 4 fl oz / ½ šalice ulja od kikirikija (kikiriki ulje)
600 ml/1 pt/2½ šalice vode
15 ml/1 žlica smeđeg šećera

Pomiješajte mladi luk, đumbir, sojin umak i vino ili šeri i istrljajte patku iznutra i izvana. Zagrijte ulje i pecite patku dok lagano ne porumeni sa svih strana. Ocijedite ulje. Dodajte vodu i preostalu mješavinu soja umaka, zakuhajte, zatim poklopite i kuhajte na laganoj vatri 1 sat. Dodajte šećer i poklopljeno pirjajte još 40 minuta dok patka ne omekša.

Dinstana patka sa celerom

za 4

350 g kuhane patke, narezane na ploške
1 glavica celera
250 ml / 1 šalica pileće juhe
2,5 ml/½ žličice soli
5 ml/1 žličica sezamovog ulja
1 rajčica, izrezana na kriške

Stavite patku na paru. Celer narežite na komade od 7,5 cm i stavite u tepsiju. Ulijte juhu, posolite i stavite kuhalo na paru na tavu. Pustite da juha zavrije, a zatim kuhajte dok celer ne omekša i patka se ne zagrije, oko 15 minuta. Patku i celer složite na zagrijani pladanj za posluživanje, celer pokapajte sezamovim uljem i poslužite ukrašeno kriškama rajčice.

Patka s đumbirom

za 4

350 g pačjih prsa, tanko narezanih
1 jaje, lagano tučeno
5 ml/1 žličica soja umaka
5 ml/1 žličica kukuruznog škroba (kukuruzni škrob)
5 ml/1 žličica ulja od kikirikija (ulje od kikirikija)
Pržiti ulje
50 grama izdanaka bambusa
50 g ušećerenog graška (grašak)
2 kriške nasjeckanog korijena đumbira
15 ml/1 žlica vode
2,5 ml/½ žličice šećera
2,5 ml/½ žličice rižinog vina ili suhog šerija
2,5 ml/½ žličice sezamovog ulja

Patku pomiješajte s jajetom, sojinim umakom, kukuruznim škrobom i uljem te ostavite da odstoji 10 minuta. Zagrijte ulje i pržite patku i mladice bambusa dok ne omekšaju i porumene. Izvadite iz posude i dobro ocijedite. Ulijte sve osim 15 ml/1 žličice ulja iz tave i pirjajte patku, mladice bambusa, šećerni grašak, đumbir, vodu, šećer i vino ili šeri 2 minute. Poslužite poprskano sezamovim uljem.

Patka sa zelenim grahom

za 4

1 patka
60 ml/4 žlice ulja od kikirikija (ulje od kikirikija)
2 češnja češnjaka, zgnječena
2,5 ml/½ žličice soli
1 glavica luka nasjeckana
15 ml/1 žlica naribanog korijena đumbira
45 ml/3 žlice soja umaka
120 ml/4 fl oz/½ šalice rižinog vina ili suhog šerija
60 ml/4 žlice kečapa od rajčice (katsup)
45 ml/3 žlice vinskog octa
300 ml/½ pt/1 ¼ šalice pileće juhe
450 g zelenih mahuna, narezanih na ploške
Prstohvat svježe mljevenog papra
5 kapi čili ulja
15 ml/1 žlica kukuruznog škroba (kukuruzni škrob)
30 ml/2 žlice vode

Patku narežite na 8 ili 10 komada. Zagrijte ulje i pržite patku dok ne porumeni. Ulijte u posudu. Dodajte češnjak, sol, luk, đumbir, sojin umak, vino ili šeri, kečap i vinski ocat. Promiješajte, poklopite i marinirajte u hladnjaku 3 sata.

Zagrijte ulje, dodajte patku, temeljac i marinadu, zakuhajte, poklopite i pirjajte 1 sat. Dodajte mahune, poklopite i pirjajte 15 minuta. Dodajte papriku i čili ulje. Kukuruzni škrob pomiješajte s vodom, umiješajte u tavu i pirjajte uz miješanje dok se umak ne zgusne.

Pečena patka na pari

za 4

1 patka
Sol i svježe mljeveni papar
Pržiti ulje
Hoisin umak

Patku posolite i popaprite i stavite u vatrostalnu zdjelu. Stavite u tavu do dvije trećine punu vode, zakuhajte, poklopite i kuhajte dok patka ne omekša, oko 1 1/2 sat. Ocijediti i ostaviti da se ohladi.

Zagrijte ulje i pržite patku dok ne postane hrskava i zlatna. Izvadite i dobro ocijedite. Narežite na komade i poslužite s umakom hoisin.

Patka s egzotičnim voćem

za 4

4 fileta pačjih prsa, narezana na trakice
2,5 ml/½ žličice pet začina u prahu
30 ml/2 žlice soja umaka
15 ml/1 žlica sezamovog ulja
15 ml/1 žlica ulja od kikirikija (kikiriki ulje)
3 stabljike celera, narezane na kockice
2 kriške ananasa, narezanog na kockice
100 g dinje, narezane na kockice
100 g ličija, prepolovljenog
130 ml / 4 fl oz / ½ šalice pileće juhe
30 ml/2 žlice pirea od rajčice (pasta)
30 ml/2 žlice hoisin umaka
10 ml/2 žličice vinskog octa
Prstohvat smeđeg šećera

Stavite patku u zdjelu. Pomiješajte pet začina u prahu, soja umak i sezamovo ulje, prelijte patku i marinirajte 2 sata uz povremeno miješanje. Zagrijte ulje i pecite patku 8 minuta. Izvadite iz posude. Dodajte celer i voće i pirjajte 5 minuta.

Patku vratite u tavu s ostalim sastojcima, prokuhajte i uz miješanje pirjajte 2 minute prije posluživanja.

Dinstana patka s kineskim lišćem

za 4

1 patka
30 ml/2 žlice rižinog vina ili suhog šerija
30 ml/2 žlice hoisin umaka
15 ml/1 žlica kukuruznog škroba (kukuruzni škrob)
5 ml/1 žličica soli
5 ml/1 žličica šećera
60 ml/4 žlice ulja od kikirikija (ulje od kikirikija)
4 mlada luka, nasjeckana
2 češnja češnjaka, zgnječena
1 kriška korijena đumbira, nasjeckana
75 ml/5 žlica soja umaka
600 ml/1 pt/2½ šalice vode
225 g kineskog lišća, nasjeckanog

Patku narežite na otprilike 6 komada. Pomiješajte vino ili šeri, hoisin umak, kukuruznu krupicu, sol i šećer i utrljajte preko patke. Ostavite 1 sat. Zagrijte ulje i popržite mladi luk, češnjak i đumbir par sekundi. Dodajte patku i pecite dok lagano ne porumeni sa svih strana. Ocijediti od viška masnoće. Ulijte soja umak i vodu, zakuhajte, poklopite i kuhajte oko 30 minuta. Dodajte kineske listove, ponovno poklopite i pirjajte još 30 minuta dok patka ne omekša.

pijana patka

za 4

2 mlada luka (mladi luk), nasjeckana
2 češnja češnjaka, mljevena
1,5 l / 2½ boda / 6 šalica vode
1 patka
450 ml/¾ pt/2 šalice rižinog vina ili suhog šerija

Stavite mladi luk, češnjak i vodu u veliki lonac i zakuhajte. Dodajte patku, ponovno zakuhajte, poklopite i kuhajte 45 minuta. Dobro ocijedite, a tekućinu ostavite za juhu. Pustite da se patka ohladi, a zatim stavite u hladnjak preko noći. Patku narežite na komade i stavite u veliku staklenku. Prelijte vinom ili šerijem i ostavite u hladnjaku oko 1 tjedan prije nego što procijedite i poslužite hladno.

Patka s pet začina

za 4

150 ml / ¼ pt / izdašne ½ šalice rižinog vina ili suhog šerija
150 ml / ¼ pt / izdašne ½ šalice soja umaka
1 patka
10 ml/2 žličice pet začina u prahu

Zakuhajte vino ili šeri i sojin umak. Dodajte patku i pirjajte okrećući oko 5 minuta. Izvadite patku iz tave i utrljajte prah od pet začina u kožu. Vratite pticu u tavu i dodajte toliko vode da prekrije polovicu patke. Zakuhajte, poklopite i kuhajte na laganoj vatri, često okrećući i podlijevajući, dok patka ne omekša, otprilike 1 1/2 sat. Patku narežite na komade od 5 cm/2 cm i poslužite toplu ili hladnu.

Pečena patka s đumbirom

za 4

1 patka

2 kriške nasjeckanog korijena đumbira

2 mlada luka (mladi luk), nasjeckana

15 ml/1 žlica kukuruznog škroba (kukuruzni škrob)

30 ml/2 žlice soja umaka

30 ml/2 žlice rižinog vina ili suhog šerija

2,5 ml/½ žličice soli

45 ml/3 žlice ulja od kikirikija (ulje od kikirikija)

Meso odvojite od kostiju i narežite na komade. Meso pomiješajte sa svim ostalim sastojcima osim ulja. Ostavite 1 sat. Zagrijte ulje i pecite patku s marinadom dok patka ne omekša, oko 15 minuta.

Patka sa šunkom i porilukom

za 4

1 patka
450 grama pršuta
2 poriluka
2 kriške nasjeckanog korijena đumbira
45 ml/3 žlice rižinog vina ili suhog šerija
45 ml/3 žlice soja umaka
2,5 ml/½ žličice soli

Stavite patku u tepsiju i prelijte hladnom vodom. Pustite da zavrije, poklopite i kuhajte oko 20 minuta. Ocijedite i rezervirajte 450 ml/¾ točke/2 šalice temeljca. Pustite da se patka malo ohladi, a zatim odvojite meso od kostiju i narežite ga na kvadrate veličine 5 cm. Šunku narežite na slične komade. Poriluk narežite na duge komade, a plošku patke i šunke zarolajte u list i zavežite koncem. Stavite u posudu otpornu na toplinu. U ostavljenu juhu dodajte đumbir, vino ili sherry, sojin umak i sol te prelijte pačje rolice. Stavite zdjelu u posudu napunjenu vodom dok ne dosegne dvije trećine stijenki zdjele. Zakuhajte, poklopite i pustite da se kuha dok patka ne omekša, oko 1 sat.

Patka pečena na medu

za 4

1 patka
Sol-
3 češnja češnjaka, zgnječena
3 mlada luka, nasjeckana
45 ml/3 žlice soja umaka
45 ml/3 žlice rižinog vina ili suhog šerija
45 ml/3 žlice meda
200 ml / nešto manje od 1 šalice kipuće vode

Patku osušite i utrljajte sol iznutra i izvana. Pomiješajte češnjak, ljutiku, sojin umak i vino ili sherry, a zatim prerežite smjesu na pola. Pomiješajte med i utrljajte u patku, pa ostavite da se osuši. Dodajte vodu preostaloj smjesi meda. Ulijte smjesu sojinog umaka u udubljenje patke i stavite na rešetku u posudu za pečenje s malo vode na dnu. Pecite u prethodno zagrijanoj pećnici na 180°C/350°F/plinska oznaka 4 oko 2 sata dok ne omekša, premažući preostalom mješavinom meda.

Dinstana pečena patka

za 4

6 mladog luka (mladi luk), nasjeckanog
2 kriške nasjeckanog korijena đumbira
1 patka
2,5 ml/½ žličice mljevenog anisa
15 ml/1 žlica šećera
45 ml/3 žlice rižinog vina ili suhog šerija
60 ml/4 žlice soja umaka
250 ml / 8 tečnih oz / 1 šalica vode

Stavite pola mladog luka i đumbira u veliku tavu s debelim dnom. Ostatak stavite u šupljinu patke i dodajte u tepsiju. Dodajte sve ostale sastojke osim hoisin umaka, zakuhajte, poklopite i kuhajte oko 1 1/2 sat, povremeno miješajući. Izvadite patku iz posude i ostavite da se suši oko 4 sata.

Stavite patku na rešetku u posudu za pečenje napunjenu s malo hladne vode. Pecite u prethodno zagrijanoj pećnici na 230°C/450°F/plinska oznaka 8 15 minuta, zatim okrenite i pecite još 10 minuta dok ne postane hrskavo. U međuvremenu zagrijte odvojenu tekućinu i njome prelijte patku za posluživanje.

Pečena patka s gljivama

za 4

1 patka

75 ml/5 žlica ulja od kikirikija (ulje od kikirikija)

45 ml/3 žlice rižinog vina ili suhog šerija

15 ml/1 žlica soja umaka

15 ml/1 žlica šećera

5 ml/1 žličica soli

prstohvat papra

2 češnja češnjaka, zgnječena

225 g šampinjona, prepolovljenih

600 ml/1 pt/2½ šalice pileće juhe

15 ml/1 žlica kukuruznog škroba (kukuruzni škrob)

30 ml/2 žlice vode

5 ml/1 žličica sezamovog ulja

Patku narežite na komade veličine 5/2 cm. Zagrijte 45 ml/3 žlice ulja i pržite patku dok lagano ne porumeni sa svih strana. Dodajte vino ili šeri, sojin umak, šećer, sol i papar i pržite uz miješanje 4 minute. Izvadite iz posude. Zagrijte preostalo ulje i popržite češnjak dok lagano ne porumeni. Dodajte gljive i miješajte dok se ne prekriju uljem. Zatim dodajte smjesu za patku u tavu i dodajte juhu. Zakuhajte, poklopite i pustite da se kuha dok patka ne omekša, oko 1 sat. Umutite zajedno kukuruznu krupicu i vodu da dobijete pastu, zatim umiješajte smjesu i kuhajte uz miješanje dok se umak ne zgusne. Pospite sezamovim uljem i poslužite.

Patka s dvije gljive

za 4

6 suhih kineskih gljiva
1 patka
750 ml/1 ¼ boda/3 šalice pilećeg temeljca
45 ml/3 žlice rižinog vina ili suhog šerija
5 ml/1 žličica soli
100 g izdanaka bambusa, narezanih na trakice
100 grama gljiva

Gljive namočite u toploj vodi 30 minuta, a zatim ih ocijedite. Bacite peteljke i prepolovite klobuke. Stavite patku u veliku zdjelu otpornu na toplinu s temeljcem, vinom ili šerijem i solju i stavite u tavu napunjenu vodom do dvije trećine stijenki zdjele. Zakuhajte, poklopite i pustite da se kuha dok patka ne omekša, oko 2 sata. Izvadite iz posude i odrežite meso s kosti. Tekućinu od kuhanja ulijte u posebnu posudu. Na dno posude za kuhanje na pari stavite mladice bambusa i obje vrste gljiva, vratite patku, poklopite i kuhajte na pari još 30 minuta. Tekućinu od kuhanja zakuhajte i njome prelijte patku za posluživanje.

Pirjana patka s lukom

za 4

4 sušene kineske gljive
1 patka
90 ml/6 žlica soja umaka
60 ml/4 žlice ulja od kikirikija (ulje od kikirikija)
1 mladi luk (kapula), nasjeckan
1 kriška korijena đumbira, nasjeckana
45 ml/3 žlice rižinog vina ili suhog šerija
450 g luka, narezanog na ploške
100 g izdanaka bambusa, narezanih na kriške
15 ml/1 žlica smeđeg šećera
15 ml/1 žlica kukuruznog škroba (kukuruzni škrob)
45 ml/3 žlice vode

Gljive namočite u toploj vodi 30 minuta, a zatim ih ocijedite. Odbacite peteljke i narežite klobuke. Natrljajte patku s 15 ml/1 žlicom soja umaka. Odvojite 15 ml/1 žlicu ulja, zagrijte preostalo ulje i lagano zažutite mladi luk i đumbir. Dodajte patku i pecite dok lagano ne porumeni sa svih strana. Uklonite višak masnoće. Dodajte vino ili sherry, preostali soja umak u tavi i tek toliko vode da gotovo prekrije patku. Zakuhajte, poklopite i kuhajte 1 sat uz povremeno miješanje.

Zagrijte sačuvano ulje i pržite luk dok ne omekša. Maknite s vatre i dodajte mladice bambusa i gljive, zatim dodajte patku, poklopite i pirjajte još 30 minuta dok patka ne omekša. Patku izvadite iz posude, narežite je na porcije i posložite na zagrijani tanjir za posluživanje. Tekućine u tavi zakuhajte, dodajte šećer i kukuruzni škrob i kuhajte uz miješanje dok smjesa ne zakipi i ne zgusne se. Prelijte patku za posluživanje.

Patka u umaku od naranče

za 4

1 patka
3 mlada luka (mladi luk), nasjeckana
2 kriške korijena đumbira, narezane na trakice
1 kriška narančine kore
Sol i svježe mljeveni papar

Stavite patku u veliki lonac, pokrijte samo s vodom i pustite da prokuha. Dodajte mladi luk, đumbir i koricu naranče, poklopite i pirjajte oko sat i pol dok patka ne omekša. Začinite solju i paprom, ocijedite i poslužite.

Pečena patka s narančom

za 4

1 patka
2 režnja češnjaka, prepolovljena
45 ml/3 žlice ulja od kikirikija (ulje od kikirikija)
1 luk
1 naranča
120 ml/4 fl oz/½ šalice rižinog vina ili suhog šerija
2 kriške nasjeckanog korijena đumbira
5 ml/1 žličica soli

Natrljajte patku izvana i iznutra češnjakom, a zatim premažite uljem. Oguljeni luk izbodite vilicom, stavite ga u šupljinu patke zajedno s neoguljenom narančom i pričvrstite ražnjićem. Patku stavite na rešetku na lim za pečenje naliven malo vrućom vodom i pecite u prethodno zagrijanoj pećnici na 160°C/plin 3 oko 2 sata. Odbacite tekućinu i vratite patku u posudu za pečenje. Prelijte vinom ili šerijem i pospite đumbirom i soli. Vratiti u pećnicu na još 30 minuta. Izvadite luk i naranču, a patku narežite na sitne komade. Prelijte patku sokom iz tave za posluživanje.

Patka s kruškama i kestenima

za 4

225 g kestena, oguljenih
1 patka
45 ml/3 žlice ulja od kikirikija (ulje od kikirikija)
250 ml / 1 šalica pileće juhe
45 ml/3 žlice soja umaka
15 ml/1 žlica rižinog vina ili suhog šerija
5 ml/1 žličica soli
1 kriška korijena đumbira, nasjeckana
1 veća kruška oguljena i izrezana na deblje kriške
15 ml/1 žlica šećera

Kestene kuhajte 15 minuta, zatim ih ocijedite. Patku narežite na komade veličine 5/2 cm. Zagrijte ulje i pecite patku dok lagano ne porumeni sa svih strana. Ocijedite višak ulja, zatim dodajte juhu, sojin umak, vino ili šeri, sol i đumbir. Pustite da zavrije, poklopite i kuhajte 25 minuta uz povremeno miješanje. Dodajte kestene, poklopite i pirjajte još 15 minuta. Kruške pospite šećerom, dodajte u tavu i pirjajte dok se ne zagriju, oko 5 minuta.

Pekinška patka

za 6

1 patka
250 ml / 8 tečnih oz / 1 šalica vode
120 ml/4 fl oz/½ šalice meda
120 ml/4 fl oz/½ šalice sezamovog ulja
Za palačinke:
250 ml / 8 tečnih oz / 1 šalica vode
225 g (8 unci/2 šalice) višenamjenskog brašna
Ulje od kikirikija (ulje od kikirikija za prženje)

Za ronjenje:

120 ml/4 fl oz/½ šalice hoisin umaka
30 ml/2 žlice smeđeg šećera
30 ml/2 žlice soja umaka
5 ml/1 žličica sezamovog ulja
6 glavica mladog luka, narezanih po dužini
1 krastavac, narezan na trakice

Patka treba biti cijela s netaknutom kožom. Zavežite vrat koncem i zašijte ili pričvrstite donji otvor. Zarežite mali prorez sa strane vrata, umetnite slamku i upuhujte zrak ispod kože dok ne nabubri. Objesite patku iznad zdjele i ostavite da odstoji 1 sat.

Zakuhajte posudu s vodom, dodajte patku i kuhajte 1 minutu, zatim izvadite i dobro osušite. Zakuhajte vodu i dodajte med. Utrljajte smjesu u kožu patke dok ne bude zasićena. Objesite patku iznad zdjele na hladnom i prozračnom mjestu dok koža ne postane čvrsta, oko 8 sati.

Patku objesite ili stavite na rešetku iznad lima za pečenje i pecite u prethodno zagrijanoj pećnici na 180°C/plin 4 oko 1½ sat, redovito začinjavajući sezamovim uljem.

Za palačinke prokuhajte vodu pa postupno dodajte brašno. Lagano mijesite dok ne dobijete mekano tijesto, prekrijte ga vlažnom krpom i ostavite da odstoji 15 minuta. Razvaljajte na pobrašnjenoj površini i oblikujte dugi valjak. Izrežite na kriške od 2,5 cm, zatim spljoštite na oko 5 mm debljine i premažite vrhove uljem. Slažite po parove, nauljene površine zajedno i izvana lagano pospite brašnom. Parove razvaljajte na oko 10 cm širine i pržite ih u parovima oko 1 minutu sa svake strane dok lagano ne porumene. Odvojite i složite dok ne budete spremni za posluživanje.

Pripremite umake tako da pola hoisin umaka pomiješate sa šećerom, a preostali hoisin umak pomiješate sa sojinim umakom i sezamovim uljem.

Patku izvadite iz pećnice, skinite kožu, narežite je na kvadrate, a meso narežite na kockice. Rasporedite na posebne tanjure i poslužite uz palačinke, umake i priloge.

Pečena patka s ananasom

za 4

1 patka
400 g komadića ananasa iz konzerve u sirupu
45 ml/3 žlice soja umaka
5 ml/1 žličica soli
Prstohvat svježe mljevenog papra

Stavite patku u lonac s debelim dnom, prelijte samo vodom, zakuhajte, zatim poklopite i kuhajte na laganoj vatri 1 sat. Sirup od ananasa ulijte u tavu sa soja umakom, posolite i popaprite, poklopite i kuhajte još 30 minuta. Dodajte komadiće ananasa i pirjajte još 15 minuta dok patka ne omekša.

Pečena patka s ananasom

za 4

1 patka
45 ml/3 žlice kukuruznog škroba (kukuruzni škrob)
45 ml/3 žlice soja umaka
225 g konzerviranog ananasa u sirupu
45 ml/3 žlice ulja od kikirikija (ulje od kikirikija)
2 kriške korijena đumbira, narezane na trakice
15 ml/1 žlica rižinog vina ili suhog šerija
5 ml/1 žličica soli

Meso odvojite od kosti i narežite na komade. Pomiješajte sojin umak s 30 ml/2 žlice kukuruznog škroba i dodajte patki dok se dobro ne prekrije. Ostavite da odstoji 1 sat uz povremeno miješanje. Ananas i sirup zgnječite i lagano zagrijte u tavi. Preostali kukuruzni škrob pomiješajte s malo vode, dodajte u tavu i pirjajte uz miješanje dok se umak ne zgusne. držite na toplom Zagrijte ulje i pirjajte đumbir dok lagano ne porumeni, zatim ga bacite. Dodajte patku i pecite dok lagano ne porumeni sa svih strana. Dodajte vino ili sherry i sol te uz miješanje pržite još nekoliko minuta dok patka ne bude pečena. Patku stavite na zagrijani pladanj za posluživanje, prelijte je umakom i odmah poslužite.

Ananas od đumbira

za 4

1 patka
100 g konzerviranog đumbira u sirupu
200 g konzerviranih komadića ananasa u sirupu
5 ml/1 žličica soli
15 ml/1 žlica kukuruznog škroba (kukuruzni škrob)
30 ml/2 žlice vode

Stavite patku u zdjelu otpornu na toplinu i stavite je u tavu napunjenu vodom dok ne dosegne dvije trećine visine stijenki zdjele. Zakuhajte, poklopite i pustite da se kuha dok patka ne omekša, oko 2 sata. Izvadite patku i ostavite da se malo ohladi. Skinite kožu i kosti pa patku narežite na komade. Složite na tanjur za posluživanje i držite na toplom.

Ulijte sirup od đumbira i ananasa u tavu, dodajte sol, kukuruzni škrob i vodu. Pustite da zavrije, miješajte i kuhajte nekoliko minuta dok umak ne posvijetli i ne zgusne se. Dodajte đumbir i ananas, promiješajte i prelijte preko patke za posluživanje.

Patka s ananasom i ličijem

za 4

4 pačja prsa
15 ml/1 žlica soja umaka
1 češanj zvjezdastog anisa
1 kriška korijena đumbira
Kikiriki (kikiriki) ulje za prženje
90 ml/6 žlica vinskog octa
100 grama šećera od trske
250 ml / ½ šalice pileće juhe
15 ml/1 žlica kečapa od rajčice (katsup)
200 g konzerviranih komadića ananasa u sirupu
15 ml/1 žlica kukuruznog škroba (kukuruzni škrob)
6 konzerviranih ličija
6 višanja maraskina

Stavite patke, sojin umak, anis i đumbir u lonac i prelijte hladnom vodom. Pustite da prokuha, skinite patku, zatim poklopite i kuhajte dok patka ne omekša, oko 45 minuta. Ocijedite i osušite. Pržiti na vrućem ulju dok ne postane hrskavo.

U međuvremenu u loncu pomiješajte vinski ocat, šećer, juhu, kečap i 30 ml/2 žlice sirupa od ananasa, zakuhajte i kuhajte oko 5 minuta. Umiješajte voće i zagrijte prije nego što prelijete preko patke za posluživanje.

Patka sa svinjetinom i kestenima

za 4

6 suhih kineskih gljiva
1 patka
225 g kestena, oguljenih
225 g nemasne svinjetine, narezane na kockice
3 mlada luka, nasjeckana
1 kriška korijena đumbira, nasjeckana
250 ml / 8 tečnih oz / 1 šalica soja umaka
900 ml/1½ boda/3¾ šalice vode

Gljive namočite u toploj vodi 30 minuta, a zatim ih ocijedite. Odbacite peteljke i narežite klobuke. Sve ostale sastojke stavite u veliki lonac, zakuhajte, poklopite i kuhajte oko 1 1/2 sat dok patka ne bude pečena.

Patka s krumpirom

za 4

75 ml/5 žlica ulja od kikirikija (ulje od kikirikija)
1 patka
3 češnja češnjaka, zgnječena
30 ml/2 žlice umaka od crnog graha
10 ml/2 žličice soli
1,2 l / 2 boda / 5 šalica vode
2 poriluka narezana na deblje
15 ml/1 žlica šećera
45 ml/3 žlice soja umaka
60 ml/4 žlice rižinog vina ili suhog šerija
1 češanj zvjezdastog anisa
900 g krumpira narezanog na deblje ploške
½ glavice kineskog lišća
15 ml/1 žlica kukuruznog škroba (kukuruzni škrob)
30 ml/2 žlice vode
Plosnate grančice peršina

Zagrijte 60 ml/4 žlice ulja i pecite patku dok ne porumeni sa svih strana. Zavežite ili zašijte kraj vrata i stavite pačji vrat u duboku zdjelu. Zagrijte preostalo ulje i popržite češnjak dok lagano ne porumeni. Dodajte umak od crnog graha i sol te pirjajte 1 minutu. Dodajte vodu, poriluk, šećer, sojin umak, vino ili šeri i zvjezdasti anis i pustite da zavrije. Ulijte 120 ml/8 tečnih oz/1 šalicu mješavine u šupljinu patke i zavežite ili zašijte na mjesto. Preostalu smjesu u tavi zakuhajte. Dodajte patku i krumpir, poklopite i pirjajte 40 minuta, okrećući patku jednom. Posložite kineske listove na tanjur za posluživanje. Patku izvaditi iz tepsije. Narezati na komade 5cm/2cm i složiti na tanjur za posluživanje s krumpirom. Pomiješajte kukuruzni škrob s vodom da dobijete pastu, umiješajte u tavu i kuhajte uz miješanje dok se umak ne zgusne.

Kuhana crvena patka

za 4

1 patka
4 mlada luka (mladi luk), narezana na komade
2 kriške korijena đumbira, narezane na trakice
90 ml/6 žlica soja umaka
45 ml/3 žlice rižinog vina ili suhog šerija
10 ml/2 žličice soli
10 ml/2 žličice šećera

Stavite patku u tešku tavu, prekrijte samo vodom i pustite da prokuha. Dodajte mladi luk, đumbir, vino ili sherry i sol, poklopite i pirjajte oko 1 sat. Dodajte šećer i pirjajte još 45 minuta dok patka ne omekša. Patku narežite na tanjur i poslužite toplu ili hladnu, sa ili bez umaka.

Pečena patka u rižinom vinu

za 4

1 patka
500 ml / 14 fl oz / 1¾ šalice rižinog vina ili suhog šerija
5 ml/1 žličica soli
45 ml/3 žlice soja umaka

Stavite patku u tavu s debelim dnom sa šerijem i soli, zakuhajte, poklopite i kuhajte 20 minuta. Ocijedite patku, skupite tekućinu i natrljajte soja umakom. Stavite na rešetku u posudu za pečenje nalivenu malo vruće vode i pecite u prethodno zagrijanoj pećnici na 180°C/plinska oznaka 4 cca.

Patka kuhana na pari s rižinim vinom

za 4

1 patka
4 mlada luka prepolovljena
1 kriška korijena đumbira, nasjeckana
250 ml/8 tečnih oz/1 šalica rižinog vina ili suhog šerija
30 ml/2 žlice soja umaka
prstohvat soli

Patku blanširajte u kipućoj vodi 5 minuta, zatim ocijedite. Stavite u vatrostalnu zdjelu s preostalim sastojcima. Zdjelu stavite u posudu napunjenu vodom tako da dvije trećine dođe do stijenki posude. Zakuhajte, poklopite i pustite da se kuha dok patka ne omekša, oko 2 sata. Prije posluživanja uklonite mladi luk i đumbir.

Obilna patka

za 4

45 ml/3 žlice ulja od kikirikija (ulje od kikirikija)
4 pačja prsa
3 mlada luka, narezana na ploške
2 češnja češnjaka, zgnječena
1 kriška korijena đumbira, nasjeckana
250 ml / 8 tečnih oz / 1 šalica soja umaka
30 ml/2 žlice rižinog vina ili suhog šerija
30 ml/2 žlice smeđeg šećera
5 ml/1 žličica soli
450 ml/¾ pt/2 šalice vode
15 ml/1 žlica kukuruznog škroba (kukuruzni škrob)

Zagrijte ulje i pržite pačja prsa dok ne porumene. Dodajte mladi luk, češnjak i đumbir te pirjajte 2 minute. Dodajte sojin umak, vino ili šeri, šećer i sol i dobro promiješajte. Dodajte vodu, zakuhajte, poklopite i pirjajte dok meso ne omekša, otprilike 1 1/2 sat. Kukuruzni škrob pomiješajte s malo vode pa dodajte u tavu i pirjajte uz miješanje dok se umak ne zgusne.

Zasitna patka sa zelenim grahom

za 4

45 ml/3 žlice ulja od kikirikija (ulje od kikirikija)
4 pačja prsa
3 mlada luka, narezana na ploške
2 češnja češnjaka, zgnječena
1 kriška korijena đumbira, nasjeckana
250 ml / 8 tečnih oz / 1 šalica soja umaka
30 ml/2 žlice rižinog vina ili suhog šerija
30 ml/2 žlice smeđeg šećera
5 ml/1 žličica soli
450 ml/¾ pt/2 šalice vode
225 grama zelenih mahuna
15 ml/1 žlica kukuruznog škroba (kukuruzni škrob)

Zagrijte ulje i pržite pačja prsa dok ne porumene. Dodajte mladi luk, češnjak i đumbir te pirjajte 2 minute. Dodajte sojin umak, vino ili šeri, šećer i sol i dobro promiješajte. Dodajte vodu, zakuhajte, poklopite i kuhajte oko 45 minuta. Dodajte mahune, poklopite i pirjajte još 20 minuta. Kukuruzni škrob pomiješajte s malo vode pa dodajte u tavu i pirjajte uz miješanje dok se umak ne zgusne.

Sporo kuhana patka

za 4

1 patka
50 g kukuruznog škroba (kukuruzni škrob)
Pržiti ulje
2 češnja češnjaka, zgnječena
30 ml/2 žlice rižinog vina ili suhog šerija
30 ml/2 žlice soja umaka
5 ml/1 žličica naribanog korijena đumbira
750 ml/1 ¼ boda/3 šalice pilećeg temeljca
4 sušene kineske gljive
225 g mladica bambusa, narezanih na ploške
225 g vodenog kestena, narezanog na ploške
10 ml/2 žličice šećera
prstohvat papra
5 glavica mladog luka (mladi luk), narezanih na ploške

Patku narežite na male komadiće. Odvojite 30 ml/2 žlice kukuruznog škroba i premažite patku preostalim kukuruznim škrobom. Očistite višak od prašine. Zagrijte ulje i popržite češnjak i patku dok lagano ne porumene. Izvaditi iz posude i ocijediti na kuhinjskom papiru. Stavite patku u veliki pleh.

Umiješajte vino ili šeri, 15 ml/1 žličicu soja umaka i đumbir. Stavite u tavu i pržite na jakoj vatri 2 minute. Dodajte pola temeljca, zakuhajte, poklopite i pirjajte oko 1 sat dok patka ne omekša.

U međuvremenu gljive potopiti u toplu vodu 30 minuta, a zatim ih ocijediti. Odbacite peteljke i narežite klobuke. Patki dodajte gljive, mladice bambusa i vodene kestene i kuhajte 5 minuta uz često miješanje. Skinite masnoću s tekućine. Pomiješajte preostalu juhu, kukuruzni škrob i sojin umak sa šećerom i paprom i umiješajte u tavu. Pustite da zavrije, miješajući, zatim kuhajte dok se umak ne zgusne, oko 5 minuta. Prebacite u prethodno zagrijanu zdjelu za posluživanje i poslužite ukrašeno mladim lukom.

Pečena patka

za 4

1 bjelanjak, lagano tučen
20 ml/1 ½ žlica kukuruznog škroba (kukuruzni škrob)
Sol-
450 g pačjih prsa, tanko narezanih
45 ml/3 žlice ulja od kikirikija (ulje od kikirikija)
2 mlada luka (mladi luk), narezana na trakice
1 zelena paprika, narezana na trakice
5 ml/1 žličica rižinog vina ili suhog šerija
75 ml/5 žlica pileće juhe
2,5 ml/½ žličice šećera

Bjelanjke istucite s 15 ml/1 žlicom kukuruznog škroba i prstohvatom soli. Dodajte narezanu patku i miješajte dok se patka ne prekrije. Zagrijte ulje i pržite patku dok ne omekša i postane zlatna. Izvadite patku iz tave i ocijedite sve osim 30 ml/2 žlice ulja. Dodajte mladi luk i papriku te pirjajte 3 minute. Dodajte vino ili šeri, temeljac i šećer i pustite da zavrije. Preostali kukuruzni škrob pomiješajte s malo vode, umiješajte u umak i pirjajte uz miješanje dok se umak ne zgusne. Umiješajte patku, zagrijte i poslužite.

Patka sa slatkim krumpirom

za 4

1 patka

250 ml / 8 fl oz / 1 šalica ulja od kikirikija (kikiriki ulje)

225 g batata, oguljenog i narezanog na kockice

2 češnja češnjaka, zgnječena

1 kriška korijena đumbira, nasjeckana

2,5 ml/½ žličice cimeta

2,5 ml/½ žličice mljevenog klinčića

Prstohvat mljevenog anisa

5 ml/1 žličica šećera

15 ml/1 žlica soja umaka

250 ml / 1 šalica pileće juhe

15 ml/1 žlica kukuruznog škroba (kukuruzni škrob)

30 ml/2 žlice vode

Patku narežite na komade veličine 5/2 cm. Zagrijte ulje i pržite krumpir dok ne porumeni. Izvadite iz posude i ocijedite sve osim 30 ml/2 žlice ulja. Dodajte češnjak i đumbir i pirjajte 30 sekundi. Dodajte patku i pecite dok lagano ne porumeni sa svih strana. Dodajte začine, šećer, sojin umak i juhu te zakuhajte. Dodajte krumpir, poklopite i pirjajte dok patka ne omekša, oko 20 minuta. Pomiješajte kukuruzni škrob s vodom da dobijete pastu, zatim dodajte u tavu i kuhajte uz miješanje dok se umak ne zgusne.

Slatko-kisela patka

za 4

1 patka
1,2 L / 2 boda / 5 šalica pileće juhe
2 luka
2 mrkve
2 režnja češnjaka, narezana na ploške
15 ml/1 žlica začina
10 ml/2 žličice soli
10 ml/2 žličice ulja od kikirikija (ulje od kikirikija)
6 mladog luka (mladi luk), nasjeckanog
1 mango, oguljen i narezan na kockice
12 ličija, prepolovljenih
15 ml/1 žlica kukuruznog škroba (kukuruzni škrob)
15 ml/1 žlica vinskog octa
10 ml/2 žličice paste od rajčice (pasta)
15 ml/1 žlica soja umaka
5 ml/1 žličica pet začina u prahu
300 ml/½ pt/1 ¼ šalice pileće juhe

Stavite patku u kuhalo na pari na tavu s juhom, lukom, mrkvom, češnjakom, začinima od soli i papra i soli. Poklopite i kuhajte na pari 2 1/2 sata. Ostavite patku da se ohladi, pokrijte je i stavite u hladnjak na 6 sati. Meso odvojite od kostiju i narežite na kockice. Zagrijte ulje i popržite patku i mladi luk dok ne porumene. Pomiješajte preostale sastojke, zakuhajte i uz miješanje kuhajte 2 minute dok se umak ne zgusne.

patka mandarina

za 4

1 patka
60 ml/4 žlice ulja od kikirikija (ulje od kikirikija)
1 komad suhe kore mandarine
900 ml/1½ boda/3¾ šalice pileće juhe
5 ml/1 žličica soli

Ostavite patku da se suši 2 sata. Zagrijte pola ulja i pržite patku dok lagano ne porumeni. Stavite u veliku zdjelu otpornu na toplinu. Zagrijte preostalo ulje i pržite koru mandarine 2 minute pa je dodajte patki. Patku prelijte juhom i posolite. Stavite zdjelu na rešetku u kuhalu za kuhanje na pari, poklopite i kuhajte na pari dok patka ne omekša, oko 2 sata.

Patka s povrćem

za 4

1 velika patka, izrezana na 16 komada
Sol-
300 ml/½ pt/1¼ šalice vode
300 ml/½ pt/1¼ šalice suhog bijelog vina
120 ml/4 fl oz/½ šalice vinskog octa
45 ml/3 žlice soja umaka
30 ml/2 žlice umaka od šljiva
30 ml/2 žlice hoisin umaka
5 ml/1 žličica pet začina u prahu
6 mladog luka (mladi luk), nasjeckanog
2 mrkve, nasjeckane
5 cm/2 u bijelu rotkvu nasjeckati
50 g kineskog kupusa, narezanog na kockice
svježe mljeveni papar
5 ml/1 žličica šećera

Stavite komade patke u zdjelu, pospite ih solju i dodajte vodu i vino. Dodajte vinski ocat, sojin umak, umak od šljiva, umak hoisin i prah od pet začina, zakuhajte, poklopite i kuhajte oko 1 sat. Dodajte povrće u tavu, skinite poklopac i pirjajte još 10 minuta. Začinite solju, paprom i šećerom pa ostavite da se ohladi. Pokrijte i stavite u hladnjak preko noći. Odbacite masnoću i pirjajte patku u umaku 20 minuta.

Kozice s umakom od ličija

za 4

*50 g/2 oz/¬Ω obična šalica (opća namjena)
Brašno
2,5 ml/¬Ω čajna žličica soli
1 jaje, lagano tučeno
30 ml/2 žlice vode
450 g oguljenih kozica
Pržiti ulje
30 ml/2 žlice ulja od kikirikija (ulje od kikirikija)
2 kriške nasjeckanog korijena đumbira
30 ml/2 žlice vinskog octa
5 ml/1 žličica šećera
2,5 ml/¬Ω čajna žličica soli
15 ml/1 žlica soja umaka
200 g konzerviranog ličija, ocijeđenog*

Mijesite brašno, sol, jaje i vodu dok ne dobijete tijesto, po potrebi dodajte malo vode. Pomiješajte sa škampima dok se dobro ne prekriju. Zagrijte ulje i pržite kozice nekoliko minuta dok ne postanu hrskave i zlatne boje. Ocijedite na kuhinjskom papiru i složite na zagrijani tanjur za posluživanje. U međuvremenu zagrijte ulje i pržite đumbir 1 minutu. Dodajte vinski ocat, šećer, sol i sojin umak. Dodajte liči i miješajte dok ne bude vruće i prekriveno umakom. Prelijte kozice i odmah poslužite.

Pržene kozice s mandarinom

za 4

60 ml/4 žlice ulja od kikirikija (ulje od kikirikija)
1 češanj češnjaka, zgnječen
1 kriška korijena đumbira, nasjeckana
450 g oguljenih kozica
30 ml/2 žlice rižinog vina ili suhog šerija 30 ml/2 žlice soja umaka
15 ml/1 žlica kukuruznog škroba (kukuruzni škrob)
45 ml/3 žlice vode

Zagrijte ulje i popržite češnjak i đumbir dok lagano ne porumene. Dodajte kozice i pirjajte 1 minutu. Dodajte vino ili šeri i dobro promiješajte. Dodajte sojin umak, kukuruzni škrob i vodu i miješajući pržite 2 minute.

Škampi sa snježnim graškom

za 4

5 suhih kineskih gljiva

225 g klica graha

60 ml/4 žlice ulja od kikirikija (ulje od kikirikija)

5 ml/1 žličica soli

2 štapića celera, nasjeckana

4 mlada luka, nasjeckana

2 češnja češnjaka, zgnječena

2 kriške nasjeckanog korijena đumbira

60 ml/4 žlice vode

15 ml/1 žlica soja umaka

15 ml/1 žlica rižinog vina ili suhog šerija

225 g slatkog graška (mangetout)

225 g oguljenih kozica

15 ml/1 žlica kukuruznog škroba (kukuruzni škrob)

Gljive namočite u toploj vodi 30 minuta, a zatim ih ocijedite. Odbacite peteljke i narežite klobuke. Klice graha blanširajte u kipućoj vodi 5 minuta i zatim dobro ocijedite. Zagrijte pola ulja i popržite sol, celer, mladi luk i klice graha 1 minutu pa izvadite iz tave. Zagrijte preostalo ulje i popržite češnjak i đumbir dok lagano ne porumene. Dodajte pola vode, sojin umak, vino ili šeri, grašak i kozice, zakuhajte i kuhajte 3 minute. Pomiješajte kukuruznu krupicu i preostalu vodu u pastu, umiješajte u tavu i kuhajte uz miješanje dok se umak ne zgusne. Vratite povrće u tavu i pirjajte dok se ne zagrije. Poslužite odmah.

Škampi s kineskim gljivama

za 4

8 suhih kineskih gljiva
45 ml/3 žlice ulja od kikirikija (ulje od kikirikija)
3 kriške nasjeckanog korijena đumbira
450 g oguljenih kozica
15 ml/1 žlica soja umaka
5 ml/1 žličica soli
60 ml/4 žlice ribljeg temeljca

Gljive namočite u toploj vodi 30 minuta, a zatim ih ocijedite. Odbacite peteljke i narežite klobuke. Zagrijte pola ulja i pirjajte đumbir dok lagano ne porumeni. Dodajte kozice, sojin umak, posolite i pirjajte dok se ne prekriju uljem, a zatim izvadite iz tave. Zagrijte preostalo ulje i pirjajte gljive dok se ne oblože uljem. Dodajte juhu, zakuhajte, poklopite i kuhajte 3 minute. Vratite škampe u tavu i miješajte dok se ne zagriju.

Tava od kozica i graška

za 4

450 g oguljenih kozica
5 ml/1 žličica sezamovog ulja
5 ml/1 žličica soli
30 ml/2 žlice ulja od kikirikija (ulje od kikirikija)
1 češanj češnjaka, zgnječen
1 kriška korijena đumbira, nasjeckana
225 g blanširanog ili smrznutog graška, odmrznutog
4 mlada luka, nasjeckana
30 ml/2 žlice vode
sol i papar

Prelijte škampe sezamovim uljem i soli. Zagrijte ulje i pržite češnjak i đumbir 1 minutu. Dodajte kozice i pržite 2 minute. Dodajte grašak i pirjajte 1 minutu. Dodajte mladi luk i vodu te po želji začinite solju, paprom i malo sezamovog ulja. Prije posluživanja zagrijte lagano miješajući.

Kozice s mango chutneyjem

za 4

12 kozica

sol i papar

sok od 1 limuna

30 ml/2 žlice kukuruznog škroba (kukuruzni škrob)

1 mango

5 ml/1 žličica senfa u prahu

5 ml/1 žličica meda

30 ml/2 žlice kokosovog vrhnja

30 ml/2 žlice blagog curry praha

120 ml pilećeg temeljca

45 ml/3 žlice ulja od kikirikija (ulje od kikirikija)

2 češnja češnjaka, mljevena

2 mlada luka (mladi luk), nasjeckana

1 komorač nasjeckan

100 g ajvara od manga

Ogulite kozice, a repove ostavite netaknute. Začinite solju, paprom i limunovim sokom te premažite polovicom kukuruznog škroba. Mango ogulite, izvadite pulpu iz koštice i narežite na kockice. Umiješajte senf, med, vrhnje od kokosa, curry prah, preostalo kukuruzno brašno i juhu. Zagrijte pola ulja i pržite češnjak, mladi luk i komorač 2 minute. Dodajte juhu, zakuhajte i kuhajte 1 minutu. Dodajte mango narezan na kockice i chutney te lagano zagrijte pa prebacite na zagrijani tanjur za posluživanje. Zagrijte preostalo ulje i pržite kozice 2 minute. Rasporedite povrće po vrhu i odmah poslužite.

Pržene okruglice od kozica s umakom od luka

za 4

3 jaja, lagano tučena
45 ml/3 žlice čistog brašna (višenamjenskog).
Sol i svježe mljeveni papar
450 g oguljenih kozica
Pržiti ulje
15 ml/1 žlica ulja od kikirikija (kikiriki ulje)
2 glavice luka nasjeckane
15 ml/1 žlica kukuruznog škroba (kukuruzni škrob)
30 ml/2 žlice soja umaka
175 ml/6 fl oz/¬œ šalice vode

Pomiješajte jaja, brašno, sol i papar. Stavite škampe u tijesto. Zagrijte ulje i pržite kozice dok ne porumene. U međuvremenu zagrijte ulje i pržite luk 1 minutu. Preostale sastojke pomiješajte u pastu, umiješajte luk i kuhajte miješajući dok se umak ne zgusne. Kozice ocijedite i posložite na zagrijani tanjur za posluživanje. Prelijte umakom i odmah poslužite.

Mandarinske kozice s graškom

za 4

60 ml/4 žlice ulja od kikirikija (ulje od kikirikija)
1 režanj češnjaka, samljeven
1 kriška korijena đumbira, nasjeckana
450 g oguljenih kozica
30 ml/2 žlice rižinog vina ili suhog šerija
225 g smrznutog graška, odmrznutog
30 ml/2 žlice soja umaka
15 ml/1 žlica kukuruznog škroba (kukuruzni škrob)
45 ml/3 žlice vode

Zagrijte ulje i popržite češnjak i đumbir dok lagano ne porumene. Dodajte kozice i pirjajte 1 minutu. Dodajte vino ili šeri i dobro promiješajte. Dodajte grašak i pirjajte 5 minuta. Dodati ostale sastojke i miješajući pržiti 2 minute.

Pekinške kozice

za 4

30 ml/2 žlice ulja od kikirikija (ulje od kikirikija)
2 češnja češnjaka, zgnječena
1 kriška korijena đumbira, sitno nasjeckanog
225 g oguljenih kozica
4 mladog luka (kapulije) narezana na deblje ploške
120 ml pilećeg temeljca
5 ml/1 žličica smeđeg šećera
5 ml/1 žličica soja umaka
5 ml/1 žličica hoisin umaka
5 ml/1 žličica Tabasco umaka

Zagrijte ulje s češnjakom i đumbirom i pržite dok češnjak lagano ne porumeni. Dodajte kozice i pirjajte 1 minutu. Dodajte mladi luk i pržite 1 minutu. Dodajte preostale sastojke, zakuhajte, poklopite i kuhajte 4 minute uz povremeno miješanje. Provjerite začine i po želji dodajte još malo Tabasco umaka.

Škampi s paprikom

za 4

30 ml/2 žlice ulja od kikirikija (ulje od kikirikija)
1 zelena paprika, izrezana na komade
450 g oguljenih kozica
10 ml/2 žličice kukuruznog škroba (kukuruzni škrob)
60 ml/4 žlice vode
5 ml/1 žličica rižinog vina ili suhog šerija
2,5 ml/½ čajna žličica soli
45 ml/2 žlice pirea od rajčice (pasta)

Zagrijte ulje i dinstajte paprike 2 minute. Dodajte kozice i pire od rajčice i dobro promiješajte. Pomiješajte vodu s kukuruznim škrobom, vino ili sherry i sol u pastu, umiješajte u tavu i kuhajte uz miješanje dok umak ne postane svijetli i gust.

Prženi škampi sa svinjetinom

za 4

225 g oguljenih kozica
100 g nemasne svinjetine, nasjeckane
60 ml/4 žlice rižinog vina ili suhog šerija
1 bjelanjak
45 ml/3 žlice kukuruznog škroba (kukuruzni škrob)
5 ml/1 žličica soli
15 ml/1 žlica vode (po želji)
90 ml/6 žlica ulja od kikirikija (kikiriki ulje)
45 ml/3 žliceribljeg temeljca
5 ml/1 žličica sezamovog ulja

Stavite škampe i svinjetinu u zasebne zdjelice. Pomiješajte 45 ml / 3 žlice vina ili šerija, bjelanjak, 30 ml / 2 žlice kukuruznog škroba i sol dok ne nastane pjenasta smjesa, po potrebi dodajte vodu. Podijelite smjesu između svinjetine i škampa, dobro promiješajte da se ravnomjerno prekrije. Zagrijte ulje i pržite svinjetinu i kozice nekoliko minuta dok ne porumene. Izvadite iz posude i ocijedite sve osim 15 ml/1 žlice ulja. Dodajte temeljac u tavu s preostalim vinom ili šerijem i kukuruznim škrobom. Pustite da zavrije i uz miješanje kuhajte dok se umak ne zgusne. Prelijte škampe i svinjetinu i poslužite pokapano sezamovim uljem.

Pržene kozice sa sherry umakom

za 4

50 g/2 oz/¬Ω šalica čistog brašna (višenamjenskog).

2,5 ml/¬Ω čajna žličica soli

1 jaje, lagano tučeno

30 ml/2 žlice vode

450 g oguljenih kozica

Pržiti ulje

15 ml/1 žlica ulja od kikirikija (kikiriki ulje)

1 glavica luka sitno nasjeckana

45 ml/3 žlice rižinog vina ili suhog šerija

15 ml/1 žlica soja umaka

120 ml/4 fl oz/¬Ω šalica ribljeg temeljca

10 ml/2 žličice kukuruznog škroba (kukuruzni škrob)

30 ml/2 žlice vode

Miješite brašno, sol, jaje i vodu dok ne dobijete tijesto, po potrebi dodajte malo vode. Pomiješajte sa škampima dok se dobro ne prekriju. Zagrijte ulje i pržite kozice nekoliko minuta dok ne postanu hrskave i zlatne boje. Ocijedite na kuhinjskom papiru i složite u prethodno zagrijanu zdjelu za posluživanje. U međuvremenu zagrijte ulje i popržite luk dok ne omekša.

Dodajte vino ili šeri, sojin umak i temeljac, zakuhajte i kuhajte 4 minute. Pomiješajte kukuruzni škrob i vodu u pastu, umiješajte u tavu i kuhajte uz miješanje dok umak ne posvijetli i ne zgusne se. Kozice prelijte umakom i poslužite.

Pržene kozice sa sezamom

za 4

450 g oguljenih kozica
¬Ω protein
5 ml/1 žličica soja umaka
5 ml/1 žličica sezamovog ulja
50 g/2 oz/¬Ω šalica kukuruznog škroba (kukuruzni škrob)
Sol i svježe mljeveni bijeli papar
Pržiti ulje
60 ml/4 žlice sjemenki sezama
lišće zelene salate

Pomiješajte škampe s bjelanjkom, soja umakom, sezamovim uljem, kukuruznim škrobom, soli i paprom. Dodajte malo vode ako je smjesa pregusta. Zagrijte ulje i pržite kozice nekoliko minuta dok ne porumene. Za to vrijeme na suhoj tavi tostirajte sjemenke sezama dok ne porumene. Kozice ocijedite i pomiješajte sa sezamom. Poslužite na podlozi od zelene salate.

Kozice pržene u ljusci

za 4

60 ml/4 žlice ulja od kikirikija (ulje od kikirikija)
750 g neoguljenih kozica
3 mlada luka, nasjeckana
3 kriške nasjeckanog korijena đumbira
2,5 ml/½ čajna žličica soli
15 ml/1 žlica rižinog vina ili suhog šerija
120 ml kečapa od rajčice (catsup)
15 ml/1 žlica soja umaka
15 ml/1 žlica šećera
15 ml/1 žlica kukuruznog škroba (kukuruzni škrob)
60 ml/4 žlice vode

Zagrijte ulje i pržite kozice 1 minutu ako su kuhane ili dok ne porumene ako su sirove. Dodajte mladi luk, đumbir, sol i vino ili sherry te pirjajte 1 minutu. Dodajte kečap od rajčice, sojin umak i šećer te pirjajte 1 minutu. Pomiješajte kukuruznu krupicu i vodu, umiješajte u tavu i kuhajte uz miješanje dok umak ne posvijetli i ne zgusne se.

Mekane pržene kozice

za 4

75 g/3 oz/puna šalica kukuruznog škroba (kukuruzni škrob)
1 bjelanjak
5 ml/1 žličica rižinog vina ili suhog šerija
Sol-
350 g oguljenih kozica
Pržiti ulje

Pomiješajte kukuruzni škrob, bjelanjak, vino ili šeri i prstohvat soli da dobijete gusto tijesto. Umočite kozice u tijesto dok se dobro ne prekriju. Zagrijte ulje na srednje jakoj temperaturi i pržite kozice nekoliko minuta dok ne porumene. Izvadite iz ulja, zagrijte dok se ne zagrije, pa ponovno pržite kozice dok ne postanu hrskave i zlatne.

tempura od kozica

za 4

450 g oguljenih kozica
30 ml/2 žlice čistog brašna (višenamjenskog).
30 ml/2 žlice kukuruznog škroba (kukuruzni škrob)
30 ml/2 žlice vode
2 razmućena jaja
Pržiti ulje

Prerežite škampe na pola s unutarnje strane i raširite ih u obliku leptira. Pomiješajte brašno, kukuruzni škrob i vodu u tijesto, a zatim umiješajte jaja. Zagrijte ulje i pržite kozice dok ne porumene.

donja guma

za 4

30 ml/2 žlice ulja od kikirikija (ulje od kikirikija)
2 mlada luka (mladi luk), nasjeckana
1 češanj češnjaka, zgnječen
1 kriška korijena đumbira, nasjeckana
100 g pilećih prsa, narezanih na trakice
100 g šunke narezane na trakice
100 g izdanaka bambusa, narezanih na trakice
100 g vodenog kestena narezanog na trakice
225 g oguljenih kozica
30 ml/2 žlice soja umaka
30 ml/2 žlice rižinog vina ili suhog šerija
5 ml/1 žličica soli
5 ml/1 žličica šećera
5 ml/1 žličica kukuruznog škroba (kukuruzni škrob)

Zagrijte ulje i popržite mladi luk, češnjak i đumbir dok lagano ne porumene. Dodajte piletinu i pirjajte 1 minutu. Dodajte šunku, mladice bambusa i vodene kestene i pirjajte 3 minute. Dodajte kozice i pirjajte 1 minutu. Dodajte sojin umak, vino ili šeri, sol i šećer i miješajući pržite 2 minute. Kukuruzni škrob pomiješajte s malo vode, dodajte u tavu i kuhajte 2 minute uz miješanje.

Škampi s tofuom

za 4

45 ml/3 žlice ulja od kikirikija (ulje od kikirikija)
225 g tofua, narezanog na kockice
1 mladi luk (kapula), nasjeckan
1 češanj češnjaka, zgnječen
15 ml/1 žlica soja umaka
5 ml/1 žličica šećera
90 ml/6 žlica riblje juhe
225 g oguljenih kozica
15 ml/1 žlica kukuruznog škroba (kukuruzni škrob)
45 ml/3 žlice vode

Zagrijte pola ulja i pržite tofu dok lagano ne porumeni pa ga izvadite iz tave. Zagrijte preostalo ulje i lagano zažutite mladi luk i češnjak. Dodajte sojin umak, šećer i juhu i pustite da zavrije. Dodajte kozice i uz miješanje pržite na laganoj vatri 3 minute. Pomiješajte kukuruznu krupicu i vodu u pastu, umiješajte u tavu i pirjajte uz miješanje dok se umak ne zgusne. Vratite tofu u tavu i lagano pirjajte dok se ne zagrije.

Škampi s cherry rajčicama

za 4

2 bjelanjka
30 ml/2 žlice kukuruznog škroba (kukuruzni škrob)
5 ml/1 žličica soli
450 g oguljenih kozica
Pržiti ulje
30 ml/2 žlice rižinog vina ili suhog šerija
225 g rajčica, oguljenih, sjemenki i nasjeckanih

Pomiješajte bjelanjak, kukuruzni škrob i sol. Bacite škampe dok se dobro ne prekriju. Zagrijte ulje i pržite kozice dok ne porumene. Ocijedite ulje osim 15 ml/1 žlica i ponovno zagrijte. Dodajte vino ili šeri i rajčice i pustite da zavrije. Umiješajte kozice i kratko zagrijte prije posluživanja.

Škampi s umakom od rajčice

za 4

30 ml/2 žlice ulja od kikirikija (ulje od kikirikija)
1 češanj češnjaka, zgnječen
2 kriške nasjeckanog korijena đumbira
2,5 ml/¬Ω čajna žličica soli
15 ml/1 žlica rižinog vina ili suhog šerija
15 ml/1 žlica soja umaka
6 ml/4 žlice kečapa od rajčice (katsup)
120 ml/4 fl oz/¬Ω šalica ribljeg temeljca
350 g oguljenih kozica
10 ml/2 žličice kukuruznog škroba (kukuruzni škrob)
30 ml/2 žlice vode

Zagrijte ulje i pržite češnjak, đumbir i sol 2 minute. Dodajte vino ili šeri, sojin umak, kečap i temeljac te zakuhajte. Dodajte škampe, poklopite i pirjajte 2 minute. Pomiješajte kukuruzni škrob i vodu u pastu, umiješajte u tavu i kuhajte uz miješanje dok umak ne postane svijetli i gust.

Kozice s rajčicom i chilli umakom

za 4

60 ml/4 žlice ulja od kikirikija (ulje od kikirikija)
15 ml/1 žlica nasjeckanog đumbira
15 ml/1 žlica nasjeckanog češnjaka
15 ml/1 žlica nasjeckanog mladog luka
60 ml/4 žlice pirea od rajčice (tjestenina)
15 ml/1 žlica čili umaka
450 g oguljenih kozica
15 ml/1 žlica kukuruznog škroba (kukuruzni škrob)
15 ml/1 žlica vode

Zagrijte ulje i pržite đumbir, češnjak i mladi luk 1 minutu. Dodajte pire od rajčice i čili umak i dobro promiješajte. Dodajte kozice i pržite 2 minute. Pomiješajte kukuruznu krupicu i vodu u pastu, umiješajte u tavu i pirjajte dok se umak ne zgusne. Poslužite odmah.

Pržene kozice s umakom od rajčice

za 4

50 g/2 oz/¬Ω šalica čistog brašna (višenamjenskog).
2,5 ml/¬Ω čajna žličica soli
1 jaje, lagano tučeno
30 ml/2 žlice vode
450 g oguljenih kozica
Pržiti ulje
30 ml/2 žlice ulja od kikirikija (ulje od kikirikija)
1 glavica luka sitno nasjeckana
2 kriške nasjeckanog korijena đumbira
75 ml/5 žlica kečapa od rajčice (katsup)
10 ml/2 žličice kukuruznog škroba (kukuruzni škrob)
30 ml/2 žlice vode

Mijesite brašno, sol, jaje i vodu dok ne dobijete tijesto, po potrebi dodajte malo vode. Pomiješajte sa škampima dok se dobro ne prekriju. Zagrijte ulje i pržite kozice nekoliko minuta dok ne postanu hrskave i zlatne boje. Ocijediti na kuhinjskom papiru.

U međuvremenu zagrijte ulje i popržite luk i đumbir dok ne omekšaju. Dodajte kečap od rajčice i pirjajte 3 minute.

Pomiješajte kukuruzni škrob i vodu u pastu, umiješajte u tavu i kuhajte uz miješanje dok se umak ne zgusne. U tavu dodajte škampe i pirjajte dok se ne zagriju. Poslužite odmah.

Škampi s povrćem

za 4

15 ml/1 žlica ulja od kikirikija (kikiriki ulje)
225 g cvjetova brokule
225 grama šampinjona
225 g mladica bambusa, narezanih na ploške
450 g oguljenih kozica
120 ml pilećeg temeljca
5 ml/1 žličica kukuruznog škroba (kukuruzni škrob)
5 ml/1 žličica umaka od kamenica
2,5 ml/½ žličica šećera
2,5 ml/½ žličica naribanog korijena đumbira
Prstohvat svježe mljevenog papra

Zagrijte ulje i pirjajte brokulu 1 minutu. Dodajte gljive i izdanke bambusa i pirjajte 2 minute. Dodajte kozice i pržite 2 minute. Pomiješajte preostale sastojke i umiješajte u smjesu za škampe. Pustite da zavrije, miješajući, zatim kuhajte 1 minutu, neprestano miješajući.

Kozice s vodenim kestenima

za 4

*60 ml/4 žlice ulja od kikirikija (ulje od kikirikija)
1 režanj češnjaka, samljeven
1 kriška korijena đumbira, nasjeckana
450 g oguljenih kozica
30 ml/2 žlice rižinog vina ili suhog šerija 225 g vodenog kestena, narezanog na ploške
30 ml/2 žlice soja umaka
15 ml/1 žlica kukuruznog škroba (kukuruzni škrob)
45 ml/3 žlice vode*

Zagrijte ulje i popržite češnjak i đumbir dok lagano ne porumene. Dodajte kozice i pirjajte 1 minutu. Dodajte vino ili šeri i dobro promiješajte. Dodajte vodene kestene i pržite 5 minuta. Dodati ostale sastojke i miješajući pržiti 2 minute.

Wontons od kozica

za 4

450 g oguljenih kozica nasjeckanih
225 g miješanog povrća, nasjeckanog
15 ml/1 žlica soja umaka
2,5 ml/½ čajna žličica soli
nekoliko kapi sezamovog ulja
40 skinova wontona
Pržiti ulje

Pomiješajte škampe, povrće, sojin umak, sol i sezamovo ulje.

Za presavijanje wontona, držite kožu dlanom lijeve ruke i žlicom unesite malo nadjeva u sredinu. Navlažite rubove jajetom i presavijte kožu u trokut, zalijepite rubove. Navlažite kutove jajetom i uvijte ih zajedno.

Zagrijte ulje i postupno pržite wontonce dok ne porumene. Dobro ocijedite prije posluživanja.

Abalone s piletinom

za 4

400 g konzervirane abalone
30 ml/2 žlice ulja od kikirikija (ulje od kikirikija)
100 g pilećih prsa, narezanih na kockice
100 g izdanaka bambusa, narezanih na kriške
250 ml / 8 tečnih oz / 1 šalica ribljeg temeljca
15 ml/1 žlica rižinog vina ili suhog šerija
5 ml/1 žličica šećera
2,5 ml/¬Ω čajna žličica soli
15 ml/1 žlica kukuruznog škroba (kukuruzni škrob)
45 ml/3 žlice vode

Ocijedite i narežite abalone, a sok ostavite. Zagrijte ulje i pržite piletinu dok ne dobije svijetlu boju. Dodajte abalone i mladice bambusa i pržite uz miješanje 1 minutu. Dodajte tekućinu od abalona, temeljac, vino ili sherry, šećer i sol, zakuhajte i kuhajte 2 minute. Pomiješajte kukuruzno brašno i vodu u pastu i kuhajte uz miješanje dok umak ne posvijetli i ne zgusne se. Poslužite odmah.

Abalone sa šparogama

za 4

10 suhih kineskih gljiva
30 ml/2 žlice ulja od kikirikija (ulje od kikirikija)
15 ml/1 žlica vode
225 grama šparoga
2,5 ml/½ žličicaribljeg umaka
15 ml/1 žlica kukuruznog škroba (kukuruzni škrob)
8 unci konzerviranog abalona, narezanog na kriške
60 ml/4 žlice juhe
½ mala mrkva, narezana na ploške
5 ml/1 žličica soja umaka
5 ml/1 žličica umaka od kamenica
5 ml/1 žličica rižinog vina ili suhog šerija

Gljive namočite u toploj vodi 30 minuta, a zatim ih ocijedite. Bacite peteljke. Zagrijte 15 ml/1 žlicu ulja s vodom i pržite klobuke gljiva 10 minuta. U međuvremenu kuhajte šparoge u kipućoj vodi s ribljim umakom i 5 ml/1 žličicom kukuruznog škroba dok ne omekšaju. Dobro ocijedite i složite na zagrijani tanjur s gljivama. Držite ih na toplom. Zagrijte preostalo ulje i pirjajte abalone nekoliko sekundi, zatim dodajte juhu, mrkvu, umak od soje, umak od kamenica, vino ili sherry i preostali kukuruzni škrob. Kuhajte 5 minuta dok se šparoge ne skuhaju, zatim dodajte šparoge na vrh i poslužite.

Abalone s gljivama

za 4

6 suhih kineskih gljiva
400 g konzervirane abalone
45 ml/3 žlice ulja od kikirikija (ulje od kikirikija)
2,5 ml/½ čajna žličica soli
15 ml/1 žlica rižinog vina ili suhog šerija
3 mlada luka narezana na deblje

Gljive namočite u toploj vodi 30 minuta, a zatim ih ocijedite. Odbacite peteljke i narežite klobuke. Ocijedite i narežite abalone, a sok ostavite. Zagrijte ulje i pržite sol i gljive 2 minute. Dodajte tekućinu od abalona i sherry, zakuhajte, poklopite i kuhajte na laganoj vatri 3 minute. Dodajte abalone i mladi luk i pirjajte dok se ne zagriju. Poslužite odmah.

Abalone s umakom od kamenica

za 4

400 g konzervirane abalone
15 ml/1 žlica kukuruznog škroba (kukuruzni škrob)
15 ml/1 žlica soja umaka
45 ml/3 žlice umaka od kamenica
30 ml/2 žlice ulja od kikirikija (ulje od kikirikija)
50 g dimljene šunke nasjeckane

Ocijedite limenku abalonea, ostavljajući 90 ml/6 žlica tekućine. Pomiješajte ovo s kukuruznim škrobom, umakom od soje i umakom od kamenica. Zagrijte ulje i pirjajte ocijeđeno uho 1 minutu. Umiješajte smjesu umaka i kuhajte, miješajući, dok se ne zagrije, oko 1 minutu. Prebacite na zagrijani pladanj za posluživanje i poslužite ukrašeno šunkom.

Dagnje kuhane na pari

za 4

24 školjke

Dagnje dobro očistite i potopite u slanu vodu nekoliko sati. Isperite pod mlazom vode i stavite na ravnu tepsiju. Stavite na rešetku u posudu za kuhanje na pari, poklopite i kuhajte u kipućoj vodi oko 10 minuta, dok se sve školjke ne otvore. Sve što ostane zatvoreno bacite. Poslužite s umacima.

Dagnje s klicama graha

za 4

24 školjke
15 ml/1 žlica ulja od kikirikija (kikiriki ulje)
150 g klica soje
1 zelena paprika, narezana na trakice
2 mlada luka (mladi luk), nasjeckana
15 ml/1 žlica rižinog vina ili suhog šerija
Sol i svježe mljeveni papar
2,5 ml/¬Ω žličica sezamovog ulja
50 g dimljene šunke nasjeckane

Dagnje dobro očistite i potopite u slanu vodu nekoliko sati. Isperite pod tekućom vodom. Lonac s vodom zakuhajte, dodajte dagnje i pirjajte nekoliko minuta dok se ne otvore. Ocijedite i bacite sve što je ostalo zatvoreno. Dagnje izvadite iz ljuski.

Zagrijte ulje i pržite klice graha 1 minutu. Dodajte papriku i mladi luk te pirjajte 2 minute. Dodajte vino ili šeri i začinite solju i paprom. Zagrijte, zatim dodajte dagnje i miješajte dok se dobro ne sjedine i zagriju. Prebacite na zagrijani pladanj za posluživanje i poslužite poškropljeno sezamovim uljem i šunkom.

Dagnje s đumbirom i češnjakom

za 4

24 školjke
15 ml/1 žlica ulja od kikirikija (kikiriki ulje)
2 kriške nasjeckanog korijena đumbira
2 češnja češnjaka, zgnječena
15 ml/1 žlica vode
5 ml/1 žličica sezamovog ulja
Sol i svježe mljeveni papar

Dagnje dobro očistite i potopite u slanu vodu nekoliko sati. Isperite pod tekućom vodom. Zagrijte ulje i pržite đumbir i češnjak 30 sekundi. Dodajte dagnje, vodu i sezamovo ulje, poklopite i kuhajte dok se dagnje ne otvore, oko 5 minuta. Sve što ostane zatvoreno bacite. Lagano začinite solju i paprom i odmah poslužite.

Pržene dagnje

za 4

24 školjke
60 ml/4 žlice ulja od kikirikija (ulje od kikirikija)
4 češnja češnjaka, nasjeckana
1 glavica luka nasjeckana
2,5 ml/¬Ω čajna žličica soli

Dagnje dobro očistite i potopite u slanu vodu nekoliko sati. Isperite pod tekućom vodom i zatim osušite. Zagrijte ulje i popržite češnjak, luk i sol dok ne omekšaju. Dodajte dagnje, poklopite i pirjajte na laganoj vatri dok se sve školjke ne otvore, oko 5 minuta. Sve što ostane zatvoreno bacite. Lagano pržite još minutu i premažite uljem.

kolači od rakova

za 4

225 g klica graha
60 ml/4 žlice ulja od kikirikija (kikiriki ulje) 100 g izdanaka bambusa narezanih na trakice
1 glavica luka nasjeckana
225 g mesa rakova, u listićima
4 jaja, lagano tučena
15 ml/1 žlica kukuruznog škroba (kukuruzni škrob)
30 ml/2 žlice soja umaka
Sol i svježe mljeveni papar

Klice graha blanširajte u kipućoj vodi 4 minute i potom ocijedite. Zagrijte pola ulja i pirjajte klice graha, mladice bambusa i luk dok ne omekšaju. Maknite s vatre i umiješajte preostale sastojke osim ulja. U čistoj tavi zagrijte preostalo ulje i na žličnjake pržite smjesu od rakova da napravite pogačice. Pržite s obje strane dok ne porumene, pa odmah poslužite.

puding od rakova

za 4

225 g mesa rakova
5 tučenih jaja
1 mladi luk (kapula), sitno nasjeckan
250 ml / 8 tečnih oz / 1 šalica vode
5 ml/1 žličica soli
5 ml/1 žličica sezamovog ulja

Sve sastojke dobro promiješajte. Stavite u zdjelu, poklopite i stavite u kuhalo za paru iznad vruće vode ili na rešetku za paru. Kuhajte na pari do konzistencije kreme, 35 minuta, povremeno miješajući. Poslužite s rižom.

Meso rakova s kineskim lišćem

za 4

450 g kineskog lišća nasjeckanog
45 ml/3 žlice biljnog ulja
2 mlada luka (mladi luk), nasjeckana
225 g mesa rakova
15 ml/1 žlica soja umaka
15 ml/1 žlica rižinog vina ili suhog šerija
5 ml/1 žličica soli

Kinesko lišće blanširajte u kipućoj vodi 2 minute, zatim ga temeljito ocijedite i isperite u hladnoj vodi. Zagrijte ulje i popržite mladi luk dok lagano ne porumeni. Dodajte meso rakova i pržite 2 minute. Dodajte kinesko lišće i pržite 4 minute. Dodajte sojin umak, vino ili šeri i sol i dobro promiješajte. Dodajte temeljac i kukuruzni škrob, zakuhajte i kuhajte uz miješanje 2 minute dok umak ne posvijetli i ne postane zgusnut.

Crab Foo Yung s klicama graha

za 4

6 tučenih jaja
45 ml/3 žlice kukuruznog škroba (kukuruzni škrob)
225 g mesa rakova
100 grama sojinih klica
2 mlada luka, sitno nasjeckana
2,5 ml/¬Ω čajna žličica soli
45 ml/3 žlice ulja od kikirikija (ulje od kikirikija)

Umutite jaja pa dodajte kukuruzni škrob. Pomiješajte ostale sastojke osim ulja. Zagrijte ulje i postupno ulijevajte smjesu u tavu da dobijete male palačinke promjera cca 7,5 cm. Pržite dok ne porumene s donje strane, zatim okrenite i zapecite drugu stranu.

Rakovi s đumbirom

za 4

15 ml/1 žlica ulja od kikirikija (kikiriki ulje)
2 kriške nasjeckanog korijena đumbira
4 mlada luka, nasjeckana
3 češnja češnjaka, zgnječena
1 crveni čili, nasjeckan
350 g mesa rakova, u listićima
2,5 ml/½ žličica riblje paste
2,5 ml/½ žličica sezamovog ulja
15 ml/1 žlica rižinog vina ili suhog šerija
5 ml/1 žličica kukuruznog škroba (kukuruzni škrob)
15 ml/1 žlica vode

Zagrijte ulje i pržite đumbir, mladi luk, češnjak i čili 2 minute. Dodajte meso rakova i miješajte dok se dobro ne prekrije začinima. Pomiješajte riblju pastu. Pomiješajte preostale sastojke u pastu, zatim dodajte u tavu i miješajući pržite 1 minutu. Poslužite odmah.

Rak Lo Mein

za 4

100 grama sojinih klica
30 ml/2 žlice ulja od kikirikija (ulje od kikirikija)
5 ml/1 žličica soli
1 luk, narezan na ploške
100 g šampinjona, narezanih na ploške
225 g mesa rakova, u listićima
100 g izdanaka bambusa, narezanih na kriške
Okrenute Tagliatelle
30 ml/2 žlice soja umaka
5 ml/1 žličica šećera
5 ml/1 žličica sezamovog ulja
Sol i svježe mljeveni papar

Klice graha blanširajte u kipućoj vodi 5 minuta i potom ocijedite. Zagrijte ulje i popržite sol i luk dok ne omekšaju. Dodajte gljive i pirjajte dok ne omekšaju. Dodajte meso rakova i pržite 2 minute. Dodajte klice graha i mladice bambusa i pirjajte 1 minutu. U tavu dodajte ocijeđenu tjesteninu i lagano promiješajte. Pomiješajte sojin umak, šećer i sezamovo ulje te začinite solju i paprom. Miješajte u tavi dok se ne zagrije.

Prženi rakovi sa svinjetinom

za 4

30 ml/2 žlice ulja od kikirikija (ulje od kikirikija)
100 g mljevene (mljevene) svinjetine.
350 g mesa rakova, u listićima
2 kriške nasjeckanog korijena đumbira
2 jaja, lagano tučena
15 ml/1 žlica soja umaka
15 ml/1 žlica rižinog vina ili suhog šerija
30 ml/2 žlice vode
Sol i svježe mljeveni papar
4 mlada luka (mladi luk), narezana na trakice

Zagrijte ulje i zapržite svinjetinu dok ne dobije svijetlu boju. Dodajte meso rakova i đumbir i pržite uz miješanje 1 minutu. izmiksati jaja. Dodajte sojin umak, vino ili šeri, vodu, sol i papar i pirjajte uz miješanje oko 4 minute. Poslužite ukrašeno mladim lukom.

Pohano meso rakova

za 4

30 ml/2 žlice ulja od kikirikija (ulje od kikirikija)
450 g mesa rakova, u listićima
2 mlada luka (mladi luk), nasjeckana
2 kriške nasjeckanog korijena đumbira
30 ml/2 žlice soja umaka
30 ml/2 žlice rižinog vina ili suhog šerija
2,5 ml/½ čajna žličica soli
15 ml/1 žlica kukuruznog škroba (kukuruzni škrob)
60 ml/4 žlice vode

Zagrijte ulje i pirjajte meso rakova, mladi luk i đumbir 1 minutu. Dodajte sojin umak, vino ili šeri i sol, poklopite i pirjajte 3 minute. Pomiješajte kukuruzni škrob i vodu u pastu, umiješajte u tavu i kuhajte uz miješanje dok umak ne posvijetli i ne zgusne se.

Pržene okruglice od lignji

za 4

450 grama lignji

50 g svinjske masti, izmiksane
1 bjelanjak
2,5 ml/¬Ω žličica šećera
2,5 ml/¬Ω žličica kukuruznog škroba (kukuruzni škrob)
Sol i svježe mljeveni papar
Pržiti ulje

Lignje očistite i zdrobite ili ispasirajte. Pomiješajte sa svinjskom mašću, snijegom od bjelanjaka, šećerom i kukuruznim škrobom te začinite solju i paprom. Smjesu istisnite u male loptice. Zagrijte ulje i pržite okruglice lignje, po potrebi u nekoliko navrata, dok ne isplivaju na ulje i porumene. Dobro ocijedite i odmah poslužite.

kantonski jastog

za 4

2 jastoga

30 ml/2 žlice ulja

15 ml/1 žlica umaka od crnog graha

1 češanj češnjaka, zgnječen

1 glavica luka nasjeckana

225 g mljevene (mljevene) svinjetine.

45 ml/3 žlice soja umaka

5 ml/1 žličica šećera

Sol i svježe mljeveni papar

15 ml/1 žlica kukuruznog škroba (kukuruzni škrob)

75 ml/5 žlica vode

1 razmućeno jaje

Jastozima očistite ljusku, pulpu i narežite na kockice veličine 2,5 cm. Zagrijte ulje i pirjajte umak od crnog graha, češnjaka i luka dok ne porumene. Dodajte svinjetinu i pržite dok ne porumeni. Dodajte soja umak, šećer, sol, papar i jastoga, poklopite i pirjajte oko 10 minuta. Pomiješajte kukuruznu krupicu i vodu u pastu, umiješajte u tavu i pirjajte uz miješanje dok umak ne postane svijetli i gust. Prije posluživanja ugasite vatru i umiješajte jaje.

Prženi jastog

za 4

450 g mesa jastoga
30 ml/2 žlice soja umaka
5 ml/1 žličica šećera
1 razmućeno jaje
30 ml/3 žlice čistog brašna (višenamjenskog).
Pržiti ulje

Meso jastoga narežite na kockice od 1 inča i pomiješajte sa soja umakom i šećerom. Ostavite da odstoji 15 minuta, zatim ocijedite. Umutiti jaje i brašno pa dodati jastoga i dobro promiješati. Zagrijte ulje i pržite jastoga dok ne porumeni. Prije posluživanja ocijedite na kuhinjskom papiru.

Jastog kuhan na pari sa šunkom

za 4

4 jaja, lagano tučena
60 ml/4 žlice vode

5 ml/1 žličica soli

15 ml/1 žlica soja umaka

450 g mesa jastoga, u ljuspicama

15 ml/1 žlica nasjeckane pršute

15 ml/1 žlica nasjeckanog svježeg peršina

Umutiti jaja s vodom, soli i soja umakom. Prebacite u vatrostalnu zdjelu i pospite mesom jastoga. Stavite zdjelu na rešetku u aparatu za kuhanje na pari, poklopite i kuhajte na pari dok se jaja ne stvrdnu, 20 minuta. Poslužite ukrašeno šunkom i peršinom.

Jastog s gljivama

za 4

450 g mesa jastoga

15 ml/1 žlica kukuruznog škroba (kukuruzni škrob)

60 ml/4 žlice vode

30 ml/2 žlice ulja od kikirikija (ulje od kikirikija)

4 mladog luka (kapulije) narezana na deblje ploške

100 g šampinjona, narezanih na ploške

2,5 ml/¬Ω čajna žličica soli

1 češanj češnjaka, zgnječen

30 ml/2 žlice soja umaka

15 ml/1 žlica rižinog vina ili suhog šerija

Meso jastoga narežite na kockice veličine 2,5 cm. Pomiješajte kukuruzni škrob i vodu u pastu i dodajte kockice jastoga u smjesu za premazivanje. Zagrijte pola ulja i popržite kockice jastoga dok lagano ne porumene pa ih izvadite iz tave. Zagrijte preostalo ulje i popržite mladi luk dok lagano ne porumeni. Dodajte gljive i pirjajte ih 3 minute. Dodajte sol, češnjak, sojin umak i vino ili sherry i pržite uz miješanje 2 minute. Vratite jastoga u tavu i miješajući pržite dok se ne zagrije.

Repovi jastoga sa svinjetinom

za 4

3 sušene kineske gljive

4 repa jastoga

60 ml/4 žlice ulja od kikirikija (ulje od kikirikija)

100 g mljevene (mljevene) svinjetine.

50 g vodenog kestena, sitno nasjeckanog

Sol i svježe mljeveni papar

2 češnja češnjaka, zgnječena

45 ml/3 žlice soja umaka

30 ml/2 žlice rižinog vina ili suhog šerija

30 ml/2 žlice umaka od crnog graha

10 ml/2 žlice kukuruznog škroba (kukuruzni škrob)

120 ml/4 fl oz/¬Ω šalice vode

Gljive namočite u toploj vodi 30 minuta, a zatim ih ocijedite. Peteljke bacite, a klobuke nasjeckajte. Repove jastoga prepolovite po dužini. Izvadite meso iz repova jastoga i sačuvajte ljuske. Zagrijte pola ulja i zapržite svinjetinu dok ne dobije laganu boju. Maknite s vatre i umiješajte gljive, meso jastoga, vodene kestene, sol i papar. Utisnite meso natrag u oklope jastoga i posložite na lim za pećnicu. Stavite na rešetku u posudu za kuhanje na pari, poklopite i kuhajte na pari dok ne bude kuhano, oko 20 minuta. U međuvremenu zagrijte preostalo ulje i pirjajte češnjak, sojin umak, vino ili sherry i umak od crnog graha 2 minute. Pomiješajte kukuruzni škrob i vodu u pastu. Umiješajte u tavu i pirjajte, miješajući, dok se umak ne zgusne. Složite jastoga na zagrijani tanjur za posluživanje, prelijte ga umakom i odmah poslužite.

Prženi jastog

za 4

450 g repova jastoga
30 ml/2 žlice ulja od kikirikija (ulje od kikirikija)
1 češanj češnjaka, zgnječen
2,5 ml/¬Ω čajna žličica soli
350 g klica soje
50 grama gljiva
4 mladog luka (kapulije) narezana na deblje ploške
150 ml/¬° pt/puno ¬Ω šalice pilećeg temeljca
15 ml/1 žlica kukuruznog škroba (kukuruzni škrob)

Zakuhajte lonac vode, dodajte repove jastoga i kuhajte 1 minutu. Ocijedite, ostavite da se ohladi, skinite kožicu i narežite na deblje ploške. Zagrijte ulje s češnjakom i soli te pržite dok češnjak lagano ne porumeni. Dodajte jastoga i miješajući pržite 1 minutu. Dodajte klice graha i gljive te pirjajte 1 minutu. Umiješajte mladi luk. Dodajte veći dio juhe, zakuhajte, poklopite i kuhajte 3 minute. Pomiješajte kukuruzni škrob s preostalom juhom, umiješajte u tavu i kuhajte uz miješanje dok umak ne posvijetli i ne postane gust.

gnijezda jastoga

za 4

30 ml/2 žlice ulja od kikirikija (ulje od kikirikija)
5 ml/1 žličica soli
1 luk narezan na tanke ploške
100 g šampinjona, narezanih na ploške
100 g mladica bambusa, narezanih na ploške 225 g kuhanog mesa jastoga
15 ml/1 žlica rižinog vina ili suhog šerija
120 ml pilećeg temeljca
Prstohvat svježe mljevenog papra
10 ml/2 žličice kukuruznog škroba (kukuruzni škrob)
15 ml/1 žlica vode
4 košarice tjestenine

Zagrijte ulje i popržite sol i luk dok ne omekšaju. Dodajte gljive i izdanke bambusa i pirjajte 2 minute. Dodajte meso jastoga, vino ili sherry i temeljac, zakuhajte, poklopite i kuhajte 2 minute. Papar. Pomiješajte kukuruzni škrob i vodu u pastu, umiješajte u tavu i kuhajte uz miješanje dok se umak ne zgusne. Složite gnijezda rezanaca na prethodno zagrijani pladanj za posluživanje i prelijte tepsijom za jastoge.

Dagnje u umaku od crnog graha

za 4

45 ml/3 žlice ulja od kikirikija (ulje od kikirikija)
2 češnja češnjaka, zgnječena
2 kriške nasjeckanog korijena đumbira
30 ml/2 žlice umaka od crnog graha
15 ml/1 žlica soja umaka
1,5 kg dagnji opranih i oguljenih
2 mlada luka (mladi luk), nasjeckana

Zagrijte ulje i pržite češnjak i đumbir 30 sekundi. Dodajte umak od crnog graha i soja umak i pirjajte 10 sekundi. Dodajte dagnje, poklopite i kuhajte dok se dagnje ne otvore, oko 6 minuta. Sve što ostane zatvoreno bacite. Prebacite u prethodno zagrijanu zdjelu za posluživanje i poslužite posuto mladim lukom.

Dagnje s đumbirom

za 4

45 ml/3 žlice ulja od kikirikija (ulje od kikirikija)
2 češnja češnjaka, zgnječena
4 kriške nasjeckanog korijena đumbira
1,5 kg dagnji opranih i oguljenih
45 ml/3 žlice vode
15 ml/1 žlica umaka od kamenica

Zagrijte ulje i pržite češnjak i đumbir 30 sekundi. Dodajte dagnje i vodu, poklopite i kuhajte oko 6 minuta dok se dagnje ne otvore. Sve što ostane zatvoreno bacite. Prebacite u prethodno zagrijanu zdjelu za posluživanje i poslužite preliveno umakom od kamenica.

Dagnje kuhane na pari

za 4

1,5 kg dagnji opranih i oguljenih
45 ml/3 žlice soja umaka
3 mlada luka sitno nasjeckana

Dagnje stavite na rešetku u posudu za kuhanje na pari, poklopite i kuhajte u kipućoj vodi oko 10 minuta, dok se sve školjke ne otvore. Sve što ostane zatvoreno bacite. Prebacite u prethodno zagrijanu zdjelu za posluživanje i poslužite posuto soja umakom i ljutikom.

Pržene kamenice

za 4

24 oljuštene kamenice
Sol i svježe mljeveni papar
1 razmućeno jaje
50 g/2 oz/¬Ω šalica čistog brašna (višenamjenskog).
250 ml / 8 tečnih oz / 1 šalica vode
Pržiti ulje
4 mlada luka, nasjeckana

Kamenice pospite solju i paprom. Umutite jaje s brašnom i vodom dok ne dobijete tijesto i njime premažite kamenice. Zagrijte ulje i pržite kamenice dok ne porumene. Ocijedite na kuhinjskom papiru i poslužite ukrašeno mladim lukom.

Kamenice sa slaninom

za 4

175 g slanine
24 oljuštene kamenice
1 jaje, lagano tučeno
15 ml/1 žlica vode
45 ml/3 žlice ulja od kikirikija (ulje od kikirikija)
2 glavice luka nasjeckane
15 ml/1 žlica kukuruznog škroba (kukuruzni škrob)
15 ml/1 žlica soja umaka
90 ml/6 žlica pilećeg temeljca

Slaninu narežite na sitne komadiće i omotajte komad oko svake kamenice. Umutite jaje s vodom, a zatim potopite kamenice da se premazuju. Zagrijte pola ulja i lagano zapecite kamenice s obje strane pa izvadite iz tave i ocijedite masnoću. Zagrijte preostalo ulje i pržite luk dok ne omekša. Pomiješajte kukuruzno brašno, sojin umak i juhu u pastu, dodajte u tavu i pirjajte uz miješanje dok umak ne posvijetli i ne zgusne se. Prelijte preko kamenica i odmah poslužite.

Pržene kamenice s đumbirom

za 4

24 oljuštene kamenice
2 kriške nasjeckanog korijena đumbira
30 ml/2 žlice soja umaka
15 ml/1 žlica rižinog vina ili suhog šerija
4 mlada luka (mladi luk), narezana na trakice
100 grama slanine
1 jaje
50 g/2 oz/¬Ω šalica čistog brašna (višenamjenskog).
Sol i svježe mljeveni papar
Pržiti ulje
1 limun, izrezan na kriške

Stavite kamenice u zdjelu s đumbirom, soja umakom i vinom ili šerijem i dobro promiješajte. Ostavite da djeluje 30 minuta. Na svaku kamenicu stavite nekoliko trakica mladog luka. Slaninu narežite na sitne komadiće i omotajte komad oko svake kamenice. Umutite jaje i brašno u tijesto te začinite solju i paprom. Umočite kamenice u tijesto dok se dobro ne prekriju. Zagrijte ulje i pržite kamenice dok ne porumene. Poslužite ukrašeno kriškama limuna.

Kamenice s umakom od crnog graha

za 4

350 g oljuštenih kamenica
120 ml/4 fl oz/¬Ω šalica ulja od kikirikija (ulje od kikirikija)
2 češnja češnjaka, zgnječena
3 mlada luka, narezana na ploške
15 ml/1 žlica umaka od crnog graha
30 ml/2 žlice tamnog soja umaka
15 ml/1 žlica sezamovog ulja
Prstohvat čilija u prahu

Kamenice blanširajte u kipućoj vodi 30 sekundi, zatim ocijedite. Zagrijte ulje i pržite češnjak i mladi luk 30 sekundi. Dodajte umak od crnog graha, soja umak, sezamovo ulje i kamenice te začinite čilijem u prahu. Pržite dok se ne zagrije i odmah poslužite.

Jakobove kapice s mladicama bambusa

za 4

60 ml/4 žlice ulja od kikirikija (ulje od kikirikija)
6 mladog luka (mladi luk), nasjeckanog
225 g šampinjona narezanih na četvrtine
15 ml/1 žlica šećera
450 g očišćenih jakobovih kapica
2 kriške nasjeckanog korijena đumbira
225 g mladica bambusa, narezanih na ploške
Sol i svježe mljeveni papar
300 ml/¬Ω pt/1¬° šalice vode
30 ml/2 žlice vinskog octa
30 ml/2 žlice kukuruznog škroba (kukuruzni škrob)
150 ml/¬° pt/velika ¬Ω čaša vode
45 ml/3 žlice soja umaka

Zagrijte ulje i pržite mladi luk i gljive 2 minute. Dodajte šećer, jakobove kapice, đumbir, mladice bambusa, sol i papar, poklopite i kuhajte 5 minuta. Dodajte vodu i vinski ocat, zakuhajte, poklopite i kuhajte 5 minuta. Pomiješajte kukuruznu krupicu i vodu u pastu, umiješajte u tavu i pirjajte uz miješanje dok se umak ne zgusne. Začinite soja umakom i poslužite.

Jakobove kapice s jajetom

za 4

45 ml/3 žlice ulja od kikirikija (ulje od kikirikija)
350 g oguljenih jakobovih kapica
25 g dimljene šunke nasjeckane
30 ml/2 žlice rižinog vina ili suhog šerija
5 ml/1 žličica šećera
2,5 ml/¬Ω čajna žličica soli
Prstohvat svježe mljevenog papra
2 jaja, lagano tučena
15 ml/1 žlica soja umaka

Zagrijte ulje i pržite jakobove kapice 30 sekundi. Dodajte šunku i pirjajte 1 minutu. Dodajte vino ili sherry, šećer, sol i papar i miješajući pržite 1 minutu. Dodajte jaja i lagano miješajte na jakoj vatri dok sastojci ne budu dobro obloženi jajetom. Poslužite poškropljeno soja umakom.

Jakobove kapice s brokulom

za 4

350 g jakobovih kapica, narezanih na ploške
3 kriške nasjeckanog korijena đumbira
½ mala mrkva, narezana na ploške
1 češanj češnjaka, zgnječen
45 ml/3 žlice čistog brašna (višenamjenskog).
2,5 ml/½ žličica sode bikarbone (prašak za pecivo)
30 ml/2 žlice ulja od kikirikija (ulje od kikirikija)
15 ml/1 žlica vode
1 banana, narezana na ploške
Pržiti ulje
275 g brokule
Sol-
5 ml/1 žličica sezamovog ulja
2,5 ml/½ žličica čili umaka
2,5 ml/½ žličica vinskog octa
2,5 ml/½ žličica paste od rajčice (pasta)

Pomiješajte jakobove kapice s đumbirom, mrkvom i češnjakom i ostavite sa strane. Pomiješajte brašno, sodu bikarbonu, 15 ml/1 žličicu ulja i vodu da dobijete pastu i premažite je preko kriški banane. Zagrijte ulje i pržite banane dok ne porumene, zatim ih ocijedite i složite na zagrijani tanjur za posluživanje. U međuvremenu skuhajte brokulu u kipućoj slanoj vodi dok ne omekša pa je ocijedite. Zagrijte preostalo ulje sa sezamovim uljem i kratko propirjajte brokulu pa je posložite na tanjur s bananama. U tavu dodajte chilli umak, vinski ocat i pire od rajčice te kratko zapržite jakobove kapice. Rasporedite na tanjur za posluživanje i odmah poslužite.

Jakobove kapice s đumbirom

za 4

45 ml/3 žlice ulja od kikirikija (ulje od kikirikija)
2,5 ml/½ čajna žličica soli
3 kriške nasjeckanog korijena đumbira
2 mlada luka narezana na deblje
450 g očišćenih jakobovih kapica, prerezanih na pola
15 ml/1 žlica kukuruznog škroba (kukuruzni škrob)
60 ml/4 žlice vode

Zagrijte ulje i pržite sol i đumbir 30 sekundi. Dodajte mladi luk i lagano ga zažutite uz miješanje. Dodajte jakobove kapice i uz miješanje pržite 3 minute. Pomiješajte kukuruzni škrob i vodu u pastu, dodajte u tavu i pirjajte uz miješanje dok se ne zgusne. Poslužite odmah.

Jakobove kapice sa šunkom

za 4

450 g očišćenih jakobovih kapica, prerezanih na pola
250 ml/8 tečnih oz/1 šalica rižinog vina ili suhog šerija
1 glavica luka sitno nasjeckana
2 kriške nasjeckanog korijena đumbira
2,5 ml/¬Ω čajna žličica soli
100 g dimljene šunke, nasjeckane

Stavite jakobove kapice u zdjelu i dodajte vino ili šeri. Pokrijte i ostavite da se marinira 30 minuta, povremeno okrećući, zatim ocijedite jakobove kapice i bacite marinadu. Jakobove kapice stavite u posudu za pečenje s ostalim sastojcima. Posudu stavite na rešetku u kuhalu za kuhanje na pari, poklopite i kuhajte na pari iznad kipuće vode dok jakobove kapice ne omekšaju, oko 6 minuta.

Kajgana od jakobovih kapica i začinskog bilja

za 4

225 g oguljenih jakobovih kapica
30 ml/2 žlice nasjeckanog svježeg korijandera
4 razmućena jaja
15 ml/1 žlica rižinog vina ili suhog šerija
Sol i svježe mljeveni papar
15 ml/1 žlica ulja od kikirikija (kikiriki ulje)

Jakobove kapice stavite u kuhalo na pari i kuhajte dok ne omekšaju, oko 3 minute, ovisno o veličini. Maknite s kuhala na pari i pospite korijanderom. Umutite jaja s vinom ili šerijem i začinite solju i paprom. Umiješajte jakobove kapice i korijander. Zagrijte ulje i pržite smjesu jaja i jakobove kapice uz stalno miješanje dok se jaja ne stvrdnu. Poslužite odmah.

Jakobove kapice i luk pirjajte na tavi

za 4

45 ml/3 žlice ulja od kikirikija (ulje od kikirikija)
1 luk, narezan na ploške
450 g očišćenih jakobovih kapica, narezanih na četvrtine
Sol i svježe mljeveni papar
15 ml/1 žlica rižinog vina ili suhog šerija

Zagrijte ulje i pržite luk dok ne omekša. Dodajte jakobove kapice i pržite uz miješanje dok lagano ne porumene. Začinite solju i paprom, podlijte vinom ili šerijem i odmah poslužite.

Jakobove kapice s povrćem

Za 4 do 6 osoba

4 sušene kineske gljive

2 luka

30 ml/2 žlice ulja od kikirikija (ulje od kikirikija)

3 štapića celera, dijagonalno izrezana

225 g zelenih mahuna izrezanih ukoso

10 ml/2 žličice naribanog korijena đumbira

1 češanj češnjaka, zgnječen

20 ml/4 žličice kukuruznog škroba (kukuruzni škrob)

250 ml / 1 šalica pileće juhe

30 ml/2 žlice rižinog vina ili suhog šerija

30 ml/2 žlice soja umaka

450 g očišćenih jakobovih kapica, narezanih na četvrtine

6 glavica mladog luka (mladi luk), narezanih na ploške

425 g kukuruza u klipu iz konzerve

Gljive namočite u toploj vodi 30 minuta, a zatim ih ocijedite. Odbacite peteljke i narežite klobuke. Luk narežite na kriške i odvojite slojeve. Zagrijte ulje i pržite luk, celer, grah, đumbir i češnjak 3 minute. Pomiješajte kukuruzni škrob s malo juhe, zatim dodajte preostalu juhu, vino ili šeri i sojin umak. Ulijte u wok i pustite da zavrije uz miješanje. Dodajte gljive, jakobove kapice, mladi luk i kukuruz i pržite uz miješanje dok jakobove kapice ne omekšaju, oko 5 minuta.

Jakobove kapice s paprikom

za 4

30 ml/2 žlice ulja od kikirikija (ulje od kikirikija)
3 mlada luka, nasjeckana
1 češanj češnjaka, zgnječen
2 kriške nasjeckanog korijena đumbira
2 crvene paprike, narezane na kockice
450 g očišćenih jakobovih kapica
30 ml/2 žlice rižinog vina ili suhog šerija
15 ml/1 žlica soja umaka
15 ml/1 žlica umaka od žutog graha
5 ml/1 žličica šećera
5 ml/1 žličica sezamovog ulja

Zagrijte ulje i pržite mladi luk, češnjak i đumbir 30 sekundi. Dodajte paprike i pirjajte 1 minutu. Dodajte jakobove kapice i miješajući pržite 30 sekundi, zatim dodajte preostale sastojke i kuhajte dok jakobove kapice ne omekšaju, oko 3 minute.

Lignje s klicama graha

za 4

450 grama lignji
30 ml/2 žlice ulja od kikirikija (ulje od kikirikija)
15 ml/1 žlica rižinog vina ili suhog šerija
100 grama sojinih klica
15 ml/1 žlica soja umaka
Sol-
1 crveni čili, nasjeckan
2 kriške nasjeckanog korijena đumbira
2 mlada luka (mladi luk), naribana

Lignjama izvadite glavu, utrobu i opnu te ih narežite na veće komade. Na svakom dijelu izrežite križni uzorak. U loncu zakuhajte vodu, dodajte lignje i pirjajte dok se komadići ne sklupčaju, zatim izvadite i ocijedite. Zagrijte pola ulja i kratko propirjajte lignje. Začinite vinom ili šerijem. U međuvremenu zagrijte preostalo ulje i kratko zapržite klice graha. Začinite po ukusu soja umakom i soli. Rasporedite čili, đumbir i mladi luk na tanjur za posluživanje. Složite klice graha u sredinu i na vrh stavite lignje. Poslužite odmah.

Pržene lignje

za 4

50 g glatkog brašna (višenamjenskog).
25 g/1 oz/¬° šalice kukuruznog škroba (kukuruzni škrob)
2,5 ml/¬Ω žličica sode bikarbone
2,5 ml/¬Ω čajna žličica soli
1 jaje
75 ml/5 žlica vode
15 ml/1 žlica ulja od kikirikija (kikiriki ulje)
450 g lignji narezanih na kolutove
Pržiti ulje

Pomiješajte brašno, škrob, kvasac, sol, jaje, vodu i ulje dok ne dobijete tijesto. Umočite lignje u tijesto dok se dobro ne prekriju. Zagrijte ulje i postupno pržite lignje dok ne porumene. Prije posluživanja ocijedite na kuhinjskom papiru.

Paketići lignji

za 4

8 suhih kineskih gljiva
450 grama lignji
100 grama kuhane šunke
100 grama tofua
1 razmućeno jaje
15 ml/1 žlica čistog brašna (višenamjenskog).
2,5 ml/¬Ω žličica šećera
2,5 ml/¬Ω žličica sezamovog ulja
Sol i svježe mljeveni papar
8 wonton skinova
Pržiti ulje

Gljive namočite u toploj vodi 30 minuta, a zatim ih ocijedite. Bacite peteljke. Lignje očistite i narežite na 8 komada. Šunku i tofu narežite na 8 komada. Stavite ih sve u zdjelu. Pomiješajte jaje s brašnom, šećerom, sezamovim uljem, soli i paprom. Stavite sastojke u zdjelu i lagano promiješajte. Rasporedite klobuk gljiva i komadić lignji, šunke i tofua izravno ispod sredine svake wonton kore. Presavijte donji kut, preklopite strane i zarolajte. Zagrijte ulje i pecite komadiće dok ne porumene, oko 8 minuta. Dobro ocijedite prije posluživanja.

Pržene rolice od lignji

za 4

45 ml/3 žlice ulja od kikirikija (ulje od kikirikija)
225 g kolutova lignji
1 velika zelena paprika, nasjeckana
100 g izdanaka bambusa, narezanih na kriške
2 mlada luka, sitno nasjeckana
1 kriška korijena đumbira, sitno nasjeckanog
45 ml/2 žlice soja umaka
30 ml/2 žlice rižinog vina ili suhog šerija
15 ml/1 žlica kukuruznog škroba (kukuruzni škrob)
15 ml/1 žlica ribljeg temeljca ili vode
5 ml/1 žličica šećera
5 ml/1 žličica vinskog octa
5 ml/1 žličica sezamovog ulja
Sol i svježe mljeveni papar

Zagrijte 15 ml/1 žlicu ulja i pirjajte kolutiće lignji dok ne postanu gusti. U međuvremenu zagrijte preostalo ulje u posebnoj tavi i pirjajte paprike, mladice bambusa, mladi luk i đumbir 2 minute. Dodajte lignje i pirjajte 1 minutu. Umiješajte sojin umak, vino ili šeri, kukuruzni škrob, juhu, šećer, vinski ocat i sezamovo ulje te začinite solju i paprom. Pržite uz miješanje dok umak ne posvijetli i ne zgusne se.

Pan za lignje

za 4

45 ml/3 žlice ulja od kikirikija (ulje od kikirikija)
3 mlada luka narezana na deblje
2 kriške nasjeckanog korijena đumbira
450 g lignji narezanih na komade
15 ml/1 žlica soja umaka
15 ml/1 žlica rižinog vina ili suhog šerija
5 ml/1 žličica kukuruznog škroba (kukuruzni škrob)
15 ml/1 žlica vode

Zagrijte ulje i popržite mladi luk i đumbir dok ne omekšaju. Dodajte lignje i pržite uz miješanje dok se ne prekriju uljem. Dodajte sojin umak i vino ili šeri, poklopite i pirjajte 2 minute. Pomiješajte kukuruzno brašno i vodu u pastu, dodajte u tavu i pirjajte uz miješanje dok se umak ne zgusne i lignje ne omekšaju.

Lignje sa suhim gljivama

za 4

*50 g suhih kineskih gljiva
450 g kolutova lignji
45 ml/3 žlice ulja od kikirikija (ulje od kikirikija)
45 ml/3 žlice soja umaka
2 mlada luka, sitno nasjeckana
1 kriška korijena đumbira, nasjeckana
225 g mladica bambusa, narezanih na trakice
30 ml/2 žlice kukuruznog škroba (kukuruzni škrob)
150 ml/¬° pt/puno ¬Ω šalice ribljeg temeljca*

Gljive namočite u toploj vodi 30 minuta, a zatim ih ocijedite. Odbacite peteljke i narežite klobuke. Kolutiće sipe blanširajte nekoliko sekundi u kipućoj vodi. Zagrijte ulje pa dodajte gljive, sojin umak, ljutiku i đumbir te pirjajte 2 minute. Dodajte lignje i izdanke bambusa i pržite 2 minute. Pomiješajte kukuruzni škrob i juhu i umiješajte u tavu. Kuhajte uz miješanje dok umak ne posvijetli i ne zgusne se.

Lignje s povrćem

za 4

45 ml/3 žlice ulja od kikirikija (ulje od kikirikija)
1 luk, narezan na ploške
5 ml/1 žličica soli
450 g lignji narezanih na komade
100 g izdanaka bambusa, narezanih na kriške
2 stabljike celera, dijagonalno izrezane
60 ml/4 žlice pilećeg temeljca
5 ml/1 žličica šećera
100 g ušećerenog graška (grašak)
5 ml/ 1 žličica kukuruznog škroba (kukuruzni škrob)
15 ml/1 žlica vode

Zagrijte ulje i popržite luk i sol dok lagano ne porumene. Dodati lignje i pržiti dok ne budu prekrivene uljem. Dodajte mladice bambusa i celer i pirjajte 3 minute. Dodajte temeljac i šećer, zakuhajte, poklopite i kuhajte 3 minute dok povrće ne omekša. Umiješajte slatki grašak. Pomiješajte kukuruzni škrob i vodu u pastu, umiješajte u tavu i kuhajte uz miješanje dok se umak ne zgusne.

Dinstana govedina s anisom

za 4

30 ml/2 žlice ulja od kikirikija (ulje od kikirikija)
450 g chuck steaka
1 češanj češnjaka, zgnječen
45 ml/3 žlice soja umaka
15 ml/1 žlica vode
15 ml/1 žlica rižinog vina ili suhog šerija
5 ml/1 žličica soli
5 ml/1 žličica šećera
2 češnja zvjezdastog anisa

Zagrijte ulje i pecite meso dok ne porumeni sa svih strana. Dodajte preostale sastojke, zakuhajte, poklopite i pirjajte oko 45 minuta, zatim okrenite meso i dodajte još malo vode i sojinog umaka ako je meso suho. Pirjajte još 45 minuta dok meso ne omekša. Odmotajte zvjezdasti anis prije posluživanja.

Govedina sa šparogama

za 4

450 g junećeg zadka, narezanog na kockice
30 ml/2 žlice soja umaka
30 ml/2 žlice rižinog vina ili suhog šerija
45 ml/3 žlice kukuruznog škroba (kukuruzni škrob)
45 ml/3 žlice ulja od kikirikija (ulje od kikirikija)
5 ml/1 žličica soli
1 češanj češnjaka, zgnječen
350 g vrhova šparoga
120 ml pilećeg temeljca
15 ml/1 žlica soja umaka

Odrezak stavite u zdjelu. Pomiješajte soja umak, vino ili šeri i 30 ml/2 žlice kukuruznog škroba, prelijte preko odreska i dobro promiješajte. Ostavite da se marinira 30 minuta. Zagrijte ulje sa soli i češnjakom i pržite dok češnjak lagano ne porumeni. Dodajte meso i marinadu te pržite 4 minute. Dodajte šparoge i pirjajte ih 2 minute. Dodajte juhu i sojin umak, zakuhajte i kuhajte uz miješanje 3 minute dok meso ne omekša. Preostali kukuruzni škrob pomiješajte s još malo vode ili juhe i umiješajte u umak. Pirjajte nekoliko minuta uz miješanje dok umak ne posvijetli i ne zgusne se.

Govedina s mladicama bambusa

za 4

45 ml/3 žlice ulja od kikirikija (ulje od kikirikija)
1 češanj češnjaka, zgnječen
1 mladi luk (kapula), nasjeckan
1 kriška korijena đumbira, nasjeckana
225 g nemasne junetine, narezane na trakice
100 grama izdanaka bambusa
45 ml/3 žlice soja umaka
15 ml/1 žlica rižinog vina ili suhog šerija
5 ml/1 žličica kukuruznog škroba (kukuruzni škrob)

Zagrijte ulje i popržite češnjak, mladi luk i đumbir dok lagano ne porumene. Dodajte govedinu i pirjajte dok lagano ne porumeni, 4 minute. Dodajte mladice bambusa i pirjajte 3 minute. Dodajte sojin umak, vino ili šeri i kukuruzni škrob i miješajući pržite 4 minute.

Govedina s mladicama bambusa i gljivama

za 4

225 g nemasne govedine
45 ml/3 žlice ulja od kikirikija (ulje od kikirikija)
1 kriška korijena đumbira, nasjeckana
100 g izdanaka bambusa, narezanih na kriške
100 g šampinjona, narezanih na ploške
45 ml/3 žlice rižinog vina ili suhog šerija
5 ml/1 žličica šećera
10 ml/2 žličice soja umaka
sol i papar
120 ml/4 fl oz/¬Ω šalice goveđe juhe
15 ml/1 žlica kukuruznog škroba (kukuruzni škrob)
30 ml/2 žlice vode

Govedinu narežite na tanke ploške. Zagrijte ulje i pržite đumbir nekoliko sekundi. Dodajte govedinu i pržite dok ne porumeni. Dodajte mladice bambusa i gljive i pirjajte 1 minutu. Dodajte vino ili šeri, šećer i sojin umak te začinite solju i paprom. Umiješajte juhu, zakuhajte, poklopite i kuhajte 3 minute. Pomiješajte kukuruzni škrob i vodu, umiješajte u tavu i kuhajte uz miješanje dok se umak ne zgusne.

Kineski goveđi gulaš

za 4

45 ml/3 žlice ulja od kikirikija (ulje od kikirikija)
900 g chuck steaka
1 mladi luk (oljušteni mladi luk), narezan na ploške
1 režanj češnjaka, samljeven
1 kriška korijena đumbira, nasjeckana
60 ml/4 žlice soja umaka
30 ml/2 žlice rižinog vina ili suhog šerija
5 ml/1 žličica šećera
5 ml/1 žličica soli
prstohvat papra
750 ml/1° boda/3 šalice kipuće vode

Zagrijte ulje i brzo popržite meso sa svih strana. Dodajte mladi luk, češnjak, đumbir, sojin umak, vino ili šeri, šećer, sol i papar. Prokuhajte, pomiješajte. Dodajte kipuću vodu, uz miješanje ponovno zakuhajte, zatim poklopite i kuhajte dok meso ne omekša, oko 2 sata.

Govedina s klicama graha

za 4

450 g nemasne govedine, narezane na ploške
1 bjelanjak
30 ml/2 žlice ulja od kikirikija (ulje od kikirikija)
15 ml/1 žlica kukuruznog škroba (kukuruzni škrob)
15 ml/1 žlica soja umaka
100 grama sojinih klica
25 g kiselog kupusa nasjeckanog
1 crveni čili, nasjeckan
2 mlada luka (mladi luk), naribana
2 kriške nasjeckanog korijena đumbira
Sol-
5 ml/1 žličica umaka od kamenica
5 ml/1 žličica sezamovog ulja

Meso pomiješajte sa snijegom od bjelanjaka, pola ulja, kukuruznim škrobom i sojinim umakom te ostavite da odstoji 30 minuta. Klice graha blanširajte u kipućoj vodi dok gotovo ne omekšaju, oko 8 minuta, a zatim ih ocijedite. Zagrijte preostalo ulje i popržite meso dok lagano ne porumeni pa izvadite iz tave. Dodajte kiseli kupus, čili papričicu, đumbir, sol, umak od kamenica i sezamovo ulje te pirjajte 2 minute. Dodajte klice graha i pirjajte 2 minute. Vratite meso u tavu i pržite dok se dobro ne sjedini i zagrije. Poslužite odmah.

Govedina s brokulom

za 4

450 g goveđeg zadka, tanko narezanog
30 ml/2 žlice kukuruznog škroba (kukuruzni škrob)
15 ml/1 žlica rižinog vina ili suhog šerija
15 ml/1 žlica soja umaka
30 ml/2 žlice ulja od kikirikija (ulje od kikirikija)
5 ml/1 žličica soli
1 češanj češnjaka, zgnječen
225 g cvjetova brokule
150 ml/¬° pt/puno ¬Ω šalice goveđe juhe

Odrezak stavite u zdjelu. Pomiješajte 15 ml/1 žličicu kukuruznog škroba s vinom ili šerijem i sojinim umakom, umiješajte u meso i ostavite da se marinira 30 minuta. Zagrijte ulje sa soli i češnjakom i pržite dok češnjak lagano ne porumeni. Dodajte odrezak i marinadu te pržite 4 minute. Dodajte brokulu i pirjajte 3 minute. Dodajte juhu, zakuhajte, poklopite i kuhajte na laganoj vatri 5 minuta ili dok brokula ne postane mekana, ali još uvijek hrskava. Preostali kukuruzni škrob pomiješajte s malo vode i umiješajte u umak. Kuhajte uz miješanje dok umak ne posvijetli i ne zgusne se.

Govedina sa sezamom i brokulom

za 4

150 g nemasne junetine, tanko narezane
2,5 ml/½ žličice umaka od kamenica
5 ml/1 žličica kukuruznog škroba (kukuruzni škrob)
5 ml/1 žličica bijelog vinskog octa
60 ml/4 žlice ulja od kikirikija (ulje od kikirikija)
100 g cvjetova brokule
5 ml/1 žličica ribljeg umaka
2,5 ml/½ žličica soja umaka
250 ml/8 tečnih oz/1 šalica goveđe juhe
30 ml/2 žlice sjemenki sezama

Marinirajte meso 1 sat s umakom od kamenica, 2,5 ml/1 žličicom kukuruznog škroba, 2,5 ml/½ žličicom vinskog octa i 15 ml/1 žlicom ulja.

U međuvremenu zagrijte 15 ml/1 žličice ulja, dodajte brokulu, 2,5 ml/½tsp ribljeg umaka, soja umak i preostali vinski ocat te prelijte kipućom vodom. Pirjajte dok ne omekša, oko 10 minuta.

Zagrijte 30 ml/2 žlice ulja u zasebnoj tavi i kratko popržite meso dok ne postane gusto. Dodajte juhu, ostatak kukuruzne krupice i riblji umak, zakuhajte, poklopite i kuhajte oko 10 minuta dok meso ne omekša. Brokulu ocijedite i posložite na zagrijani tanjur za posluživanje. Prekrijte mesom i obilato pospite susamom.

Govedina na žaru

za 4

450 g nemasnog odreska, narezanog
60 ml/4 žlice soja umaka
2 češnja češnjaka, zgnječena
5 ml/1 žličica soli
2,5 ml/½ žličice svježe mljevenog papra
10 ml/2 žličice šećera

Pomiješajte sve sastojke i ostavite da se mariniraju 3 sata. Pecite na zagrijanom roštilju oko 5 minuta sa svake strane.

Kantonska govedina

za 4

30 ml/2 žlice kukuruznog škroba (kukuruzni škrob)
2 bjelanjka istučena
450 g odreska, narezanog na trakice
Pržiti ulje
4 štapića celera, narezana na ploške
2 luka, narezana na ploške
60 ml/4 žlice vode
20 ml/4 žličice soli
75 ml/5 žlica soja umaka
60 ml/4 žlice rižinog vina ili suhog šerija
30ml/2 žlice šećera
svježe mljeveni papar

Polovicu kukuruznog škroba pomiješajte s bjelanjkom. Dodajte odrezak i promiješajte da se meso obloži u tijesto. Zagrijte ulje i pržite biftek dok ne porumeni. Izvaditi iz posude i ocijediti na kuhinjskom papiru. Zagrijte 15 ml/1 žlicu ulja i pržite celer i luk 3 minute. Dodajte meso, vodu, sol, sojin umak, vino ili šeri i šećer te začinite paprom. Pustite da zavrije i uz miješanje kuhajte dok se umak ne zgusne.

Govedina s mrkvom

za 4

30 ml/2 žlice ulja od kikirikija (ulje od kikirikija)
450 g nemasne junetine, narezane na kockice
2 mlada luka, narezana na ploške
2 češnja češnjaka, zgnječena
1 kriška korijena đumbira, nasjeckana
250 ml / 8 tečnih oz / 1 šalica soja umaka
30 ml/2 žlice rižinog vina ili suhog šerija
30 ml/2 žlice smeđeg šećera
5 ml/1 žličica soli
600 ml/1 pt/2Ω šalice vode
4 mrkve, dijagonalno izrezane

Zagrijte ulje i pecite meso dok lagano ne porumeni. Ocijedite višak ulja i pržite mladi luk, češnjak, đumbir i sjemenke anisa 2 minute. Dodajte sojin umak, vino ili šeri, šećer i sol i dobro promiješajte. Dodajte vodu, zakuhajte, poklopite i kuhajte 1 sat. Dodajte mrkvu, poklopite i pirjajte još 30 minuta. Maknite poklopac i pirjajte dok se umak ne reducira.

Govedina s indijskim oraščićima

za 4

60 ml/4 žlice ulja od kikirikija (ulje od kikirikija)
450 g goveđeg zadka, tanko narezanog
8 mladog luka (mladi luk), nasjeckanog
2 češnja češnjaka, zgnječena
1 kriška korijena đumbira, nasjeckana
75 g prženih indijskih oraščića
120 ml/4 fl oz/¬Ω šalice vode
20 ml/4 žličice kukuruznog škroba (kukuruzni škrob)
20 ml/4 žličice soja umaka
5 ml/1 žličica sezamovog ulja
5 ml/1 žličica umaka od kamenica
5 ml/1 žličica čili umaka

Zagrijte pola ulja i popržite meso dok lagano ne porumeni. Izvadite iz posude. Zagrijte preostalo ulje i pržite mladi luk, češnjak, đumbir i indijske oraščiće 1 minutu. Vratiti meso u tavu. Pomiješajte preostale sastojke i umiješajte smjesu u tavu. Zakuhajte i uz miješanje kuhajte dok se smjesa ne zgusne.

Slaga juneća tepsija

za 4

30 ml/2 žlice ulja od kikirikija (ulje od kikirikija)
450 g pirjane junetine, narezane na kockice
3 kriške nasjeckanog korijena đumbira
3 mrkve, narezane na ploške
1 repa, narezana na kockice
15 ml/1 žlica crnih datulja bez koštica
15 ml/1 žlica lotosovih sjemenki
30 ml/2 žlice pirea od rajčice (pasta)
10 ml/2 žlice soli
900 ml/1¬Ω bodova/3¬œ šalice goveđe juhe
250 ml/8 tečnih oz/1 šalica rižinog vina ili suhog šerija

Zagrijte ulje u velikoj tavi ili tavi otpornoj na pećnicu i pržite meso dok se ne zatvori sa svih strana.

www.ingramcontent.com/pod-product-compliance
Lightning Source LLC
Chambersburg PA
CBHW071856110526
44591CB00011B/1428